CHAIM BENTORAH

LO QUE SABEN LOS RABINOS

Y QUE NUNCA APRENDÍ EN LA IGLESIA

WHITAKER HOUSE
Español

A menos que se indique lo contrario, las citas de la Escritura son tomadas de la Santa Biblia versión Reina-Valera 1960® © Sociedades Bíblicas en América Latina, 1960. Renovado © Sociedades Bíblicas Unidas, 1988. Utilizado con permiso. Reina-Valera 1960® es una marca registrada de Sociedades Bíblicas Unidas, y se puede usar solamente bajo licencia. Las citas de la Escritura marcadas (NVI) son tomadas de la Santa Biblia, Nueva Versión Internacional® NVI® © 1999, 2015, 2022 por Biblica, Inc.® Usado con permiso de Biblica, Inc.® Reservados todos los derechos en todo el mundo. Las citas de la Escritura marcadas (NTV) son tomadas de la *Santa Biblia Nueva Traducción Viviente*, © Tyndale House Foundation, 2010. Usadas con permiso de Todos los derechos reservados.

LO QUE SABEN LOS RABINOS
y que nunca aprendí en la iglesia

Publicado originalmente en inglés en 2025 bajo el título
What the Rabbis Know
That I Never Learned in Church
por Whitaker House
New Kensington, PA 15068

Editado por Henry Tejada Portales

ISBN: 979-8-88769-427-6
eBook ISBN: 979-8-88769-428-3
Impreso en los Estados Unidos de América

Whitaker House
1030 Hunt Valley Circle
New Kensington, PA 15068
www.espanolwh.com

Por favor, envíe sugerencias sobre este libro a: comentarios@whitakerhouse.com.

1 2 3 4 5 6 7 8 9 10 11 WJ 32 31 30 29 28 27 26 25

DEDICATORIA

Rabino Silverman

Quien no solo me aceptó como un hermano, sino como un igual espiritual.

Nunca nos volveremos a encontrar en esta vida, pero un día nos veremos otra vez.

ÍNDICE

Así ha dicho Jehová de los ejércitos:
En aquellos días acontecerá que diez hombres de las naciones
de toda lengua tomarán del manto a un judío, diciendo:
Iremos con vosotros, porque hemos oído que
Dios está con vosotros.
—Zacarías 8:23

INTRODUCCIÓN

Hace muchos años atrás, siendo un estudiante joven graduado, estudié hebreo con el Dr. Earl S. Kalland, quien en ese entonces estaba sirviendo en el comité ejecutivo haciendo trabajo de traducción de una parte del Antiguo Testamento de lo que se convertiría en la Nueva Versión Internacional de la Biblia. Tres veces por semana, otro estudiante y yo nos sentábamos en la oficina del Dr. Kalland, y él discutía con nosotros su trabajo sobre la Nueva Versión Internacional de la Biblia mientras esperaba que lo desafiáramos con algunas de sus traducciones del hebreo original.

Un día, hablamos sobre Salmos 25:14: *"La comunión íntima de Jehová es con los que le temen"*. El Dr. Kalland nos dijo que se acordó que se tradujera el versículo como *"El Señor brinda su amistad a los que le temen"* (NVI). Al tener mis estudios de grado en estudios judíos, me opuse rotundamente. Le expliqué al Dr. Kalland que la palabra *sod,* que se traduce como "comunión íntima", tiene un significado emocional mucho más profundo para los rabinos judíos que tan solo brindar la amistad. El Dr. Kalland estaba intrigado, y sugirió que buscara a algún rabino ortodoxo y discutiera con él por qué la palabra *sod* tenía ese efecto emocional.

Encontré un rabino así, pero supe que estaba más interesado en la idea de una nueva gran traducción en inglés de la Biblia que en discutir la palabra *sod*. Sin embargo ahora, años después, me doy cuenta de que él estaba respondiendo a mi pregunta sobre la palabra *sod*.

Para responder a esta pregunta con una traducción moderna de la Biblia, le expliqué que fueron enviados pasajes específicos de la Escritura del Antiguo Testamento a eruditos hebreos de todo el mundo, quienes estudiaron esos pasajes en el hebreo original y después enviaron sus sugerencias de traducción del pasaje a un comité que decidiría lo que se incluiría en la versión final.

El rabino me miró inquisitivamente y preguntó: "¿Quieres decirme que tan solo unos cuantos académicos les dirán a millones de cristianos lo que realmente dicen las Sagradas Escrituras?". A diferencia de los judíos, los cristianos no enseñamos a nuestros hijos a estudiar la Palabra de Dios en el lenguaje original como hacen ellos. Nosotros solo podemos depender de un puñado de eruditos que decidan cómo se deberían describir ciertas palabras en hebreo. Enseguida me di cuenta de que los rabinos no confían en las traducciones en español de la Torá y las usan en raras ocasiones. Prefieren estudiar la Torá en el hebreo original para decidir lo que significa una palabra en particular. Sienten que el Espíritu Santo puede hablarles personalmente con la Palabra de Dios sin la ayuda de un traductor.

Por lo tanto, me encogí de hombros y le dije al rabino que la mayoría de los cristianos dependemos de que un puñado de eruditos nos digan lo que enseñan las Sagradas Escrituras, y le confié que nosotros no nos tomamos tan en serio el estudio de los lenguajes originales como lo hacen los judíos.

Entonces él me preguntó cuál era la palabra en hebreo para "aprender". Le dije que era *lamed* como la letra Lamed. Él asintió y añadió que la palabra también comenzada con la letra Lamed. Entonces me preguntó cuál era la palabra para rey, y le dije que era *melek*. El rabino también asintió y añadió que esta palabra empieza con una Mem. Entonces me preguntó qué letra estaba primero en el alfabeto hebreo, Lamed o Mem. Le dije que era como nuestro alfabeto; Lamed es la letra L y va antes de Mem, que es la letra M. El rabino entonces se reclinó en su silla y dijo: "Estos eruditos en hebreo se postulan como reyes para gobernar sobre el entendimiento que los cristianos tienen de las Sagradas Escrituras, ¿cierto?". Tuve que admitir que, en cierto sentido, tenía razón.

El rabino se inclinó hacia adelante y dijo: "Pon la letra Lamed —tu aprendizaje del *Ruach HaKodesh* (Espíritu Santo)— antes que la Mem, los reyes; así estarás siguiendo el orden correcto. Pero si colocas la Mem antes que la Lamed —los reyes antes que el aprendizaje que recibes del *Ruach HaKodesh*— estás completamente fuera de orden y debes tener cuidado".

Nunca me había sucedido que algunos de mis maestros cristianos de hebreo usaran el lenguaje hebreo como este rabino, y pronto aprendí cómo otros rabinos usaban el hebreo. Comencé a darme cuenta de que para un rabino el lenguaje del hebreo bíblico era algo sagrado y santo. Son muy cautos en su uso del hebreo, pero paradójicamente muy libres para hacer cosas con el lenguaje hebreo que mis maestros cristianos de hebreo nunca harían. Los rabinos estaban familiarizados con encontrar relaciones entre palabras que tienen el mismo valor numérico, reorganizar las letras en una palabra hebrea para descubrir alguna comprensión más profunda, buscar juegos de palabras, encontrar significados más profundos y significados ocultos en palabras tomadas de otros lenguajes semíticos, y rastrear las palabras hasta sus raíces etimológicas.

Por ejemplo, examinamos versículos como Éxodo 32:10-11, 14:

> *Ahora, pues, déjame que se encienda mi ira en ellos, y los consuma; y de ti yo haré una nación grande. Entonces Moisés oró en presencia de Jehová su Dios, y dijo: Oh Jehová, ¿por qué se encenderá tu furor contra tu pueblo, que tú sacaste de la tierra de Egipto con gran poder y con mano fuerte?... Entonces Jehová se arrepintió del mal que dijo que había de hacer a su pueblo.*

Vemos la palabra "*ira*" o "*furor*" en otras traducciones modernas y nos imaginamos a un Dios lleno de furia, listo para actuar de modo irracional. Entonces, Moisés intenta calmar a Dios: "Dios, estás molesto; no sabes lo que estás diciendo. Ahora cálmate, cuenta hasta diez: Alef, Bet, Guímel. Aquí tienes un pedazo de *bagel*; te sentirás mejor". Luego, cuando Moisés logra tranquilizar a Dios y le explica cómo sus amenazas le perjudicarían, Dios finalmente se calma y dice: "Moisés, cuando tienes la razón, tienes la razón. No sé qué me ocurrió; por supuesto, no haré este mal al pueblo que amenacé con destruir". Todo este pasaje y la ira de Dios nunca tuvieron sentido para mí. Aquí tenemos a un Dios que está listo para destruir a su propio pueblo por alguna infracción, y se necesita que uno de sus seres creados lo tranquilice y le explique lo ilógico e irracional de su comportamiento. Tal conducta infundiría temor en cualquiera que esté bajo el dominio de un Dios omnipotente capaz de perder todo control. ¿Cómo se justifica un versículo como 1 Juan 4:18? *"En el amor no hay temor, sino que el perfecto amor echa fuera el temor; porque el temor lleva en sí castigo. De donde el que teme, no ha sido perfeccionado en el amor"*. Si Dios es perfecto en amor, ¿cómo puede infundir tal temor en nosotros?

Una vez le pregunté a un rabino acerca de este pasaje, y él me pidió que rastreara el origen de la palabra para "ira" o "furor". Cuando lo hice, descubrí que era la palabra *aph* proveniente de la raíz *aneph*. Esta palabra es una onomatopeya que imita los sonidos o ruidos a los que se refiere. Por ejemplo, la palabra "guau" imita el ladrido de un perro. *Aneph* imita el sonido del resoplido de un camello. Me di cuenta de que necesitaba ir más allá de mi léxico y estudiar los hábitos de los camellos, ya que la palabra *aneph*, que tan fácilmente traducimos al español como "enojo", tiene su raíz en la simple observación de un beduino hacia su camello. Aprendí que un camello resopla cuando está enojado o molesto, pero también resopla cuando se le obliga a hacer algo que no quiere hacer. Resoplará cuando está de luto, como cuando su pareja o su dueño muere. También resopla cuando está en celo o desea intimidad con otro camello.

Ahora entiendo lo que el rabino quería decir con poner Lamed, el aprendizaje del Espíritu Santo, antes de la enseñanza de Mem o los reyes. Los reyes me dicen que Dios es un Dios enojado, listo para aplastarnos como un insecto si nos desviamos. Pero, en lo profundo de mi espíritu, siento al Espíritu de Dios diciendo: "¿Has considerado que tal vez Dios no estaba enojado sino afligido? ¿Has considerado que posiblemente Dios anhela y desea una relación cercana e íntima con nosotros, tanto que su deseo por esa intimidad quema de tal manera que debe apartarse de nosotros porque nuestro pecado hace imposible que un Dios puro y santo tenga cercanía con nosotros?".

Lo que me impactó profundamente fue que, en los cuarenta años desde mi entrevista con este rabino, nunca he leído en la literatura judía ni he escuchado a otro rabino hablar sobre Lamed y Mem, y sobre poner el aprendizaje del Espíritu Santo antes que el rey. De hecho, después de cuarenta años estudiando las obras de los rabinos, he aprendido que el pensamiento original es respetado y valorado por los judíos. Después de todo, Dios es un Dios infinito. Si Él es infinito, entonces no puede haber un final de la sabiduría y el conocimiento de Dios. Después de cientos y miles de canciones que se han escrito, podría parecer que hemos llegado al límite de la posibilidad de una nueva canción o melodía; aun así, algo nuevo siempre llega a nuestros mercados.

Sin embargo, dentro del cristianismo actuamos como si todo lo que se puede decir sobre la Palabra de Dios ya se hubiera dicho. Parece no haber espacio para el pensamiento original o nuevos descubrimientos sobre la Palabra de Dios. Siempre debemos citar alguna fuente antigua en lugar de usar esa fuente antigua como guía hacia otra cámara en el corazón de Dios. Si no hay dos copos de nieve iguales, si no hay dos personas perfectamente idénticas en apariencia y personalidad entre los miles de millones que han caminado por esta tierra, ¿no podría un Dios infinito relacionarse con cada persona de manera única y especial?

Los rabinos me han enseñado que siempre hay espacio para nuevos descubrimientos. Recuerdo a un rabino que me dijo que, cuando asistía a una yeshivá, recordó estudiar la Torá con su compañero de estudio. Después de unas horas de estudio, el anciano y erudito rabino se sentaba con ellos y les preguntaba: "¿Qué me pueden enseñar? ¿Qué puedo aprender de ustedes?".

Permítanme compartir con ustedes algunas de las cosas que he aprendido de los rabinos, que están totalmente fuera del marco cristiano tradicional, pero que no los harán abandonar su fe cristiana.

1

LA PERSPECTIVA JUDÍA SOBRE LA INSPIRACIÓN DE LAS ESCRITURAS

En el cristianismo escuchamos vagas referencias del pueblo judío sobre obras como el Talmud, la Midrash o la Cábala. Recuerdo que el judaísmo fue una de las religiones que estudiamos en una clase de comparativa de religiones en el instituto bíblico. Mi profesor indicó que uno de los libros santos era el Talmud, que era "solo" una compilación de las opiniones de varios rabinos sobre lo que otros rabinos habían dicho. Entonces dijo que los judíos consideraban estos escritos inspirados, casi como la Biblia misma; al menos dijo "casi".

Entiendo lo que intentaba decir. Este asunto de la inspiración de las Escrituras es un tema muy complejo para el pueblo judío; sin embargo, gracias a mi lucha con lo que ellos creían acerca de las Escrituras y sus libros sagrados, he llegado a comprender mi postura sobre la inspiración de la Biblia y a apreciar la Palabra de Dios más que nunca dentro de mi fe cristiana.

En pocas ocasiones escucho el término "inspiración de las Escrituras" entre los judíos. Lo que ellos mencionan es la *divinidad* de las Escrituras. Los cristianos colocamos las Escrituras en un paquete único que llamamos la Biblia, que incluye los treinta y nueve libros del Antiguo Testamento y los veintisiete libros del Nuevo Testamento. Nos basamos en la declaración del apóstol Pablo en 2 Timoteo 3:16: *"Toda la Escritura es inspirada por Dios, y útil para enseñar, para redargüir, para corregir, para instruir en justicia"*.

Me considero parte de la comunidad evangélica, que cree que los treinta y nueve libros del Antiguo Testamento y los veintisiete libros del Nuevo Testamento son divinamente inspirados y sin error; sin embargo, hay quienes en el cristianismo creen que la Biblia tiene ochenta libros, los cuales incluyen otros catorce libros en los apócrifos, que son escritos adicionales que no forman parte del canon aceptado de las Escrituras. El canon bíblico consiste en un conjunto de libros aceptados como la Palabra de Dios inspirada. Inicialmente los libros apócrifos se consideraban edificantes, pero no divinamente inspirados, por lo que se leían de manera privada y no en el contexto público de los servicios de la iglesia. Más adelante, después de la Reforma, las iglesias protestantes redefinieron los apócrifos como herejía.

La Biblia judía, a menudo conocida como la Biblia hebrea o el Tanaj, y en contextos específicos la Torá, tiene veinticuatro libros divididos en tres partes. Los primeros cinco libros de la Biblia se llaman la Torá, que significa enseñanzas. Luego están los ocho libros de los *Nevi'im* o los profetas, y los once libros llamados los *Ketuvim* o escritos, escritos en hebreo con algunas partes en el dialecto caldeo del arameo. La Biblia protestante dividió estos veinticuatro libros en treinta y nueve libros, por lo que el contenido del Tanaj es el mismo que el del Antiguo Testamento en nuestra Biblia protestante.

Cuando el apóstol Pablo escribió 2 Timoteo 3:16, llamando a toda la Escritura inspirada por Dios, se refería a los veinticuatro libros de la Biblia hebrea judía (treinta y nueve libros en el Antiguo Testamento protestante) como la Escritura. La palabra "Escritura" en griego es *graphe*, que significa escritos. En arameo es la palabra *katav*, que también significa escritos o libros. Esto podría incluir muchos de los libros apócrifos que estaban disponibles en esa época. Sin embargo, en su contexto, creemos que Pablo se refería únicamente a los veinticuatro libros específicos de la Biblia judía, los cuales los judíos canonizaron en ese momento.

Existen al menos siete puntos de vista sobre la autoridad de la Escritura, que se pueden encontrar entre muchos judíos.

1. La teoría de la intuición: esta teoría también es conocida como la teoría de la iluminación, que enseña que los escritos de la Escritura no son inspirados, sino que son los escritores a quienes Dios inspiró sobre qué escribir.

2. La teoría dinámica: también conocida como la teoría de la inspiración parcial, enseña que Dios permitió que el escritor recibiera la transmisión de las palabras de su corazón. Así, los escritores eran infalibles solo en asuntos de fe y práctica, pero no necesariamente en cuestiones no religiosas. Esto concluye que solo partes

de la Escritura, como los pasajes proféticos, son inspiradas. Frases como "y estos son los viajes de los hijos de Israel" serían añadidas por el escritor, pero no se considerarían parte de la revelación divina de Dios.

3. La teoría de la inspiración neoortodoxa: este punto de vista sostiene que pueden existir elementos sobrenaturales en la Escritura, pero, como cualquier obra literaria, la Biblia aún contiene errores, y no todos los eventos de la Biblia deben tomarse literalmente. La verdad se comprende solo a través del individuo que la reconocerá o entenderá. En otras palabras, la Biblia misma no es divinamente inspirada, sino que solo sirve como un canal a través del cual fluye la inspiración divina. La verdad queda a la discreción del individuo.

4. La teoría de la inspiración natural: este punto de vista dice que no hay nada sobrenatural en la Biblia; los escritores la escribieron a través de una inspiración humana basada en sus propias experiencias y prejuicios. No es diferente de la inspiración de un escritor clásico como Charles Dickens o Ernest Hemingway. A diferencia de la teoría de la intuición, Dios no desempeña ningún papel en la inspiración detrás de la escritura.

5. La teoría de la inspiración conceptual: en esta teoría, los pensamientos de la Escritura son inspirados, pero no las palabras mismas. Solo los conceptos o pensamientos en la Biblia son inspirados. En otras palabras, Dios dio al escritor las ideas, que el escritor expresó con sus propias palabras.

6. La teoría del dictado: esta teoría convierte al escritor en una máquina de dictado o grabadora. Es algo similar a un taquígrafo o un reportero judicial que graba palabra por palabra lo que escucha. No se expresa ninguna personalidad individual ni estilo de escritura. El escritor no era más que un dispositivo de grabación.

7. La teoría de la inspiración verbal y plenaria: este es el punto de vista que yo sostengo. El Espíritu Santo proporcionó el conocimiento verbal, pleno y completo que Dios deseaba expresar: verbal refiriéndose a las palabras o ideas de la Escritura. Dios dirigió la elección de las palabras individuales en los idiomas originales griego, hebreo o arameo que los escritores usaron en los manuscritos originales; sin embargo, Dios utilizó los antecedentes y personalidades únicos de los escritores para crear el documento escrito en su estilo de escritura. El Espíritu Santo guio a los escritores de tal modo que los manuscritos originales fueron infalibles y sin error.

A diferencia del cristianismo, que se adheriría a un solo punto de vista sobre la inspiración de la Escritura, muchos judíos creen que los primeros cinco libros de la Biblia. La Torá, fueron más divinos que los libros restantes. Aunque ellos verían diferentes niveles de inspiración, y algunos libros fueron más inspirados que otros, los judíos todavía creían que el Antiguo Testamento o Tanaj era de origen divino. Honraban todo el Tanaj como verdaderamente la Palabra de Dios.

Las otras obras que se consideran sagradas, como el Talmud, el Midrash y la Cábala, no se consideran de origen divino, pero son sagradas porque llevan el *shemot*, es decir, escritos que incluyen el nombre de Dios. Cualquier obra que contenga el nombre de Dios se considera sagrada, y existen todo tipo de *halajot*, es decir, leyes religiosas judías sobre su disposición. Esto incluiría libros que sirven como comentario o explicación de la Torá. Aunque se consideran sagrados, no se les otorga la misma autoridad que a la Torá o el Tanaj.

La siguiente lista resalta algunas de las principales obras o escritos de los maestros judíos mencionados en este texto:

1. El Talmud: este es el texto central de la literatura rabínica y la fuente principal de la ley religiosa y la teología judía. La colección principal de escritos se encuentra en el Talmud Babilónico (Talmud Bavli), compilado en el siglo V d. C. Una colección anterior era conocida como el Talmud de Jerusalén (Talmud Yerushalmi). El Talmud tiene dos componentes. El primer componente es la Mishná, que compila las enseñanzas previas al siglo I d. C. en una forma escrita. Antes de esto, estas enseñanzas eran tradiciones orales o lo que el Nuevo Testamento llamaba la tradición de los padres [ancianos] (véase Mateo 15:2 y Marcos 7:5). El segundo componente es la Guemará, que aclara la Mishná, es decir, un comentario sobre el comentario. El Talmud Babilónico se puede encontrar desde treinta a treinta y cinco volúmenes y está escrito en arameo y hebreo. El Talmud de Jerusalén tiene alrededor de diecisiete volúmenes y también está escrito en arameo y hebreo, aunque el arameo es un dialecto arameo del norte.
2. He comprobado que el Talmud es un excelente recurso para ayudar a entender muchas referencias en el Nuevo

Testamento, ya que refleja el pensamiento judío sobre la teología y las enseñanzas del primer siglo. Como la tradición oral o la tradición de los padres se estudiaba durante el primer siglo en el tiempo de Jesús, Él hizo muchas referencias a estas enseñanzas que luego fueron registradas en el Talmud. Como encontrarás en este libro, el Talmud arroja una luz significativa sobre la comprensión de muchas de las enseñanzas que se encuentran en el Nuevo Testamento.

3. El Midrash: Midrash significa "interpretación textual" y es un estudio en varios volúmenes de la exégesis bíblica judía (explicación crítica e interpretación). Estos trabajos involucran preguntas y diversas respuestas sobre los textos bíblicos. A menudo, las historias de la Torá se imaginan de nuevo para acompañar, no para reemplazar, las referencias escriturales. Un ejemplo sería la historia de Agar, quien fue desterrada por Sara, la esposa de Abraham (véase Génesis 16). El Midrash amplía esta historia enseñando que Agar es Cetura, quien se casó con Abraham después de la muerte de Sara. Isaac buscó a Agar/Cetura para que regresara y fuera la esposa de Abraham tras el fallecimiento de su madre, Sara. Esto muestra la devoción y la naturaleza cariñosa de Isaac. Aunque esto no se dice explícitamente en la Torá, se utiliza para ayudar a dar una comprensión más profunda de los personajes de Isaac y Abraham.

4. El Targum: es una traducción aramea de la Torá hecha durante la época de Jesús y del apóstol Pablo. Se tradujo como una paráfrasis y, por lo tanto, no

> fue aceptada inicialmente como autoritativa como las Escrituras hebreas, pero ayuda a comprender el pensamiento judío en el primer siglo.
>
> La Cábala: este es un libro sobre el misticismo judío. Se desarrolló durante la época medieval y consistía en enseñanzas esotéricas destinadas a explicar la relación entre Dios y el mundo natural. El Zohar es la obra fundamental de la Cábala, que incluye un comentario sobre los aspectos místicos de la Torá. Discute la naturaleza de Dios, la naturaleza de las almas, la redención, y la relación entre la oscuridad y la luz.
>
> Aunque "misticismo" puede ser una palabra prohibida entre los cristianos evangélicos, gran parte del misticismo judío solo enseña que un Dios sobrenatural desea una relación personal con los seres humanos que Él creó y que tal relación es posible. Puede que encuentres interesante y útil mi capítulo sobre el *tzim tzum*, que es muy místico; es decir, místico en el sentido de una relación con Dios, para entender cosas como la transfiguración y la experiencia de Pablo en el camino de Damasco.

Me impresiona cómo los judíos tratan la Torá, se regocijan en ella, la honran y la aman. Cualquier comentario o escrito con el nombre de Dios es considerado sagrado y tratado con respeto. Me di cuenta de que lo fundamental es que la Biblia es un libro acerca de Dios, y yo creo en Dios. Tiene sentido que este Dios que desea tanto una relación conmigo no me daría un libro que me diga todo lo que necesito saber para tener esa relación, sino que me señalaría hacia la Fuente. Debo buscarlo a Él y cultivar esa conexión.

Por fe, acepto que la Biblia que tengo es la infalible, inspirada e inerrante Palabra de Dios. El amor por la Torá que encuentro entre los rabinos ha fortalecido mi fe en la Palabra de Dios y me hace dar una consideración en oración a cualquier comentario escrito para honrar el nombre de Dios, incluso si la teología o doctrina de los autores no es aceptada en mi círculo.

> *Toda la Escritura es inspirada por Dios y útil para enseñar, para reprender, para corregir y para instruir en justicia.*
> (2 Timoteo 3:16 NVI)

Aprendí a no depender de mi maestro o predicador favorito para guiarme a entender la Escritura, sino a estudiar la Palabra de Dios y permitir que el Espíritu Santo sea mi maestro. Aprendí a respetar la interpretación de la Escritura que hacen otros maestros y a darme cuenta de que hay setenta caras de la Torá. La Palabra de Dios es como una gema; ves muchos colores cuando permites que la luz brille a través de ella. Finalmente, aprendí que la Palabra de Dios es un pozo que nunca se agotará y que un versículo de la Escritura que tenía un significado específico para mí cuando era niño adquirió un significado más profundo a medida que maduraba en mi relación con Dios. Cuanto más crezco en mi relación con Dios, más profunda y abundante se vuelve mi comprensión de pasajes particulares de la Escritura.

Los rabinos me han enseñado que aunque la Palabra de Dios es inspirada, tiene muchas capas de comprensión. Es un milagro que la humanidad tenga un libro que nos hable a todos; trasciende miles de años, miles de culturas, y ha sido traducido a muchos idiomas diferentes. No estoy en posición de explicar la comprensión teológica de la inspiración de la Escritura, pero creo que se dirige a todo ser humano sin importar dónde o cuándo haya vivido.

Me siento atraído por las enseñanzas de los maestros judíos. Los judíos son el pueblo del idioma hebreo y los maestros de este idioma en el que fue escrito el Antiguo Testamento. Entonces, ¿por qué no estudiar sus comentarios de las Sagradas Escrituras? Ningún rabino se suscribe a mi doctrina bautista, pero compartimos el mismo Dios, amamos y adoramos al mismo Dios. Si paso mi tiempo estudiando las obras de aquellos que se suscriben a mi denominación y teología protestante, me limitaría a un conocimiento y sabiduría que existían mucho antes de que el primer bautista caminara por esta tierra. Leer las obras de los maestros judíos que vivieron mucho antes de que la fe cristiana apareciera en este planeta es examinar las raíces de mi fe en Dios. Al descubrir mis raíces en la fe judía, me encuentro aún más firmemente arraigado en mi fe cristiana tal como se relaciona conmigo de modo personal y cultural. El mismo Espíritu Santo que guio a los padres del judaísmo es el mismo Espíritu Santo que me guía y me enseña.

Mi hermano es un lingüista que tradujo la Biblia al idioma amanab en Papúa Nueva Guinea. Estos aldeanos no tenían concepto de cordero, oveja o pastor. El Salmo 23, que habla del Señor como nuestro Pastor, representó un gran desafío para mi hermano; sin embargo, la Biblia fue escrita por Dios para ese aldeano que vive en una cultura primitiva que no tiene concepto de ovejas, tanto para mí como para el pastor del Medio Oriente, y el Salmo 23 habla al corazón de ese aldeano primitivo tal como lo hace conmigo y con un pastor del Medio Oriente.

Una noche, mientras mi hermano y uno de los aldeanos estaban bajo las estrellas conversando, este aldeano dijo: "Andy, mucho antes de que llegaras a nuestra aldea, miraba las estrellas y oraba a tu Dios para que enviara a alguien a enseñarnos acerca de Él, y luego viniste y no solo viniste a enseñarnos, sino también a darnos su Palabra en nuestro idioma".

No hay modo de explicar lo que significa la inspiración de la Escritura a este aldeano, salvo que es la Palabra de Dios, y él la ama. No hay forma de enseñar a este aldeano a ajustarse a la extraña cultura de la que proviene mi hermano, donde conocemos sobre las ovejas y los pastores, pero aun así él puede enseñarles a esos aldeanos acerca de Dios porque el Espíritu Santo les dará entendimiento.

Aunque yo no soy judío y no formo parte de su cultura, el judaísmo me enseñó que la Palabra de Dios, la Biblia —como la llamamos los cristianos— es verdaderamente un libro divino. Este libro nos dice lo que Dios quiere que sepamos y aceptemos. No tengo miedo de estudiar sus obras porque mi maestro es el Espíritu Santo.

2

EL PAPEL DE LA IGLESIA

El papel de la iglesia está directamente vinculado a la Escritura. Los cristianos tendemos a pensar en la sinagoga como una iglesia judía. En muchos aspectos, esto no es cierto; sin embargo, es cierto en el papel que ocupa la Escritura. Primero, permíteme explicar el origen de la sinagoga.

La Escritura enseña que las doce tribus de Israel entraron en la tierra prometida, y a cada tribu se le dio un territorio de tierra para cultivar y criar a sus familias; sin embargo, no se le dio tierra a la tribu de Leví; su porción o herencia fue dedicada al Señor. Ellos dedicaron sus vidas al estudio de la Torá y al servicio de Dios. Su sustento provenía de las otras once tribus. Eran la tribu sacerdotal que manejaba los asuntos espirituales del resto de la nación. Su servicio se centraba en el tabernáculo y, finalmente, en el templo. Eran sostenidos por un diezmo. Cada tribu daba el diez por ciento de sus productos para sostener a la tribu de Leví, que no tenía otro modo de sustentarse.

El diezmo solo debía ser dado a la tribu sacerdotal de Israel para que pudiera realizar sus funciones dentro del tabernáculo y más adelante en el templo, y otras funciones sacerdotales. Cuando el templo fue destruido, el propósito del diezmo dejó de existir. Un rabino me dijo que consideraría un pecado si su congregación diezmara. Se aceptan ofrendas para ayudar a los necesitados, pero la sinagoga no es un templo, y no hay un mandato para sostener la sinagoga con un diezmo. La sinagoga se sostiene mediante el pago de cuotas, como una tarifa de membresía, y de ahí el rabino recibe su salario. Él no es un sacerdote, por lo que no acepta un diezmo. Un rabino no es remunerado para ser rabino; como un empleado, se le paga para que no tenga que hacer nada más que servir como rabino.

Por esta razón nosotros no diezmamos, ni acepto diezmos en mi ministerio. Sí doy ofrendas, pero no me limito al diez por ciento. Considero que todo lo que tengo le pertenece a Dios, y doy una ofrenda conforme siento que Dios me guía. No estoy defendiendo que los pastores eliminen la palabra "diezmo" de su vocabulario. Mi decisión de hacerlo es el resultado de la influencia del judaísmo en mi vida.

Antes de la destrucción del segundo templo en el año 70 d. C. surgió un grupo de líderes religiosos que no formaban parte de la tribu de Leví, quienes se dedicaron al estudio y la enseñanza de la Torá. Fueron llamados fariseos, saduceos y escribas. Eran una secta religiosa no profesional.

Con la destrucción del templo, la sinagoga se convirtió en el centro de adoración y aprendizaje, y sin la necesidad de un oficio sacerdotal, muchos no levitas asumieron el rol de maestros. Los fariseos fueron los más lógicos para ocupar el rol de los maestros, o rabinos, ya que por lo general eran los más eruditos en el estudio de la Torá. Lo primordial en las sinagogas era la Torá. La Palabra de Dios estaba en primer plano, y los fariseos dedicaron sus vidas al estudio de la Torá y su preservación, y finalmente llegaron a ser conocidos como rabinos.

La sinagoga a veces se llama *shul*. Shul es una palabra alemana antigua para un lugar de aprendizaje. Es un lugar de adoración, pero adoración en el sentido de ser una casa de oración. Esto tiene lugar en el santuario principal. El santuario principal también puede usarse para ceremonias especiales, como bodas y, en raras ocasiones, funerales, aunque el ataúd no se permite en el santuario. A la sinagoga también se le conoce a menudo como *Beyt Knesset* (Casa de la Asamblea) o *Beyt Tefillah* (Casa de la Oración). Además, hay un lugar separado para el aprendizaje, llamado sala del midrash.

En la iglesia cristiana, el enfoque del santuario es el púlpito, desde donde el predicador enseña de las Sagradas Escrituras y acerca de ellas. En la sinagoga, el enfoque no es un púlpito ni una *bimá*, como se llama, sino el arca, que contiene el *Sefer Torá* o los Rollos de la Torá. Esto fue lo primero que me sorprendió como diferencia entre el judaísmo y el cristianismo. La Palabra de Dios está en primer plano en el judaísmo, y no el rabino. Los Rollos de la Torá se guardan en un arca, una especie de armario donde están cubiertos con múltiples coberturas llamadas manto. La idea es que un tesoro valioso no se deje expuesto y vulnerable. Los Rollos de la Torá no se adoran, pero se respetan y honran.

La *bimá* es una mesa donde se abren los Rollos de la Torá para ser leídos. El rabino predica un sermón simple de la Torá; sin embargo, generalmente es mucho más sobrio que los sermones de muchos predicadores que buscan ser muy dramáticos en su entrega.

El rabino, a diferencia de lo que encontramos en el cristianismo, no ha recibido una autoridad especial para dirigir los servicios religiosos. Cualquier judío con suficiente educación para saber lo que está haciendo puede dirigir un servicio religioso. Eso puede ser cierto en muchos sectores del cristianismo si no hay un predicador ordenado disponible; sin embargo, no tenemos la sensación de que el servicio realizado por un laico sea tan válido como el de un verdadero predicador ordenado. Es poco frecuente que una iglesia esté sin un pastor o predicador, mientras que no es inusual que una comunidad esté sin un rabino.

La impresión que recibí fue que el rabino no buscaba ser el centro de atención. Tampoco he conocido rabinos que parezcan tomarse demasiado en serio a sí mismos. Hay un mayor énfasis en la Torá, y todo el respeto y honor se dirigen a la Palabra de Dios. El rabino parece ser más un facilitador. Después de experimentar un servicio de adoración judío, sentí que era muy sensible a los servicios de la iglesia donde se le da un lugar de honor al predicador o pastor, quien se coloca en una plataforma elevada, psicológicamente colocándose por encima de los miembros de la congregación, muchas veces vistiendo hermosas túnicas o trajes de negocios caros. Cada vez más predicadores no se paran detrás de un púlpito o podio, lo cual está bien para mí. Sin embargo, parece que con la introducción de la tecnología moderna, los pasajes de la Escritura se proyectan en una pantalla, y el predicador ya no necesita un púlpito o podio para colocar su Biblia. A menudo ni siquiera tienen una Biblia en sus manos. Tradicionalmente, el púlpito se consideraba sagrado porque es ahí donde el predicador colocaba su Biblia, la Palabra de Dios, que tradicionalmente era el enfoque del servicio de adoración. El predicador es casi idolatrado en muchas iglesias; se le considera un hombre de Dios que está de alguna manera más cerca de Dios, y por lo tanto, si necesitas oración acudes al predicador, ya que de alguna manera sientes que sus oraciones son más eficaces que las de tus propios seres queridos.

Creo que muchos predicadores se toman demasiado en serio, adquieren y atesoran el título de reverendo, y muchas universidades y escuelas cristianas ofrecen un doctorado en ministerio, que básicamente requiere unos años de servicio religioso y un trabajo sobre algún tema religioso y así tienes el privilegio de ser llamado no solo Reverendo, sino otros títulos que los hace más distinguidos. Muchos rabinos tienen títulos superiores y doctorados, pero prefieren no ser llamados doctor. Están satisfechos con solo el título de rabino, lo cual no los hace más distinguidos de sus compañeros a pesar de tener grados académicos superiores cuando otros puede que no los tengan. Sin el uso de títulos honoríficos, se nos recuerda que todos tenemos la misma cantidad del Espíritu Santo que cualquier creyente, y es el Espíritu Santo quien es nuestro verdadero maestro.

3

EL SUMO SACERDOTE

"Porque no tenemos un sumo sacerdote que no pueda compadecerse de nuestras debilidades, sino uno que fue tentado en todo según nuestra semejanza, pero sin pecado".
—Hebreos 4:15

A menudo me he preguntado por qué Pablo describe a Jesús como un sumo sacerdote que entiende nuestras debilidades. Encontré una respuesta a eso cuando me sumergí en la historia y cultura judía.

En el judaísmo, el cargo de sumo sacerdote terminó con la destrucción del segundo templo en el año 70 d. C. Para nosotros los cristianos, terminó con la muerte y resurrección de Jesús, quien se convirtió en nuestro Sumo Sacerdote. ¿Alguna vez te preguntaste qué significa Jesús como nuestro Sumo Sacerdote? En referencia a Jesús, el término en arameo es *rabkumra*, que se traduce como sumo sacerdote, pero está compuesto por las palabras *rab*, de donde obtenemos *rabí*, que significa maestro o jefe, y *kumra*, que proviene de la raíz *kamar*, que tiene la idea de reducción o humildad. La palabra hebrea para sumo sacerdote es *kohen gadol*, el gran o principal sacerdote. La palabra en griego es *archierea*. Tal vez reconozcas el prefijo "arch", que significa el principal (sacerdote).

Lo que me parece interesante en arameo es que la palabra utilizada en los Evangelios para sumo sacerdote es simplemente *raba*, que es la palabra para rabí. No incluye la palabra *kumra*, pero *kumra* está asociada al rol que Jesús desempeñó. Jesús es el Hijo de Dios; ser un sumo sacerdote en términos de rango a un nivel celestial es bastante bajo, más bajo que los ángeles. Sin embargo, para ser nuestro Salvador tuvo que rebajarse al rango de sumo sacerdote. Tuvo que tomar una degradación, *kumra*, y reducirse al nivel de un ser humano para asumir la posición de sumo sacerdote.

Pero, ¿por qué un sumo sacerdote? Hice algunas investigaciones en el Talmud y descubrí algunas cosas asombrosas. Por un lado, como todos sabemos, solo el sumo sacerdote puede entrar al lugar santísimo en el día de la Expiación, cuando ofrece un sacrificio por el pecado de todo el pueblo. Literalmente, él asume los pecados de toda la nación, tal como Jesús asumió los pecados de todo el mundo. Pero aquí hay algo que quizá no sepas. En el Talmud, en Yoma 18a dice que el sumo sacerdote tenía que ser rico. Si no era un hombre acomodado cuando asumía el cargo, les correspondía a los demás sacerdotes asegurarse de que él fuera rico. Tenía que ser superior a todos en su riqueza; pero no solo en su riqueza, sino también en su físico, sabiduría y dignidad. Recuerda Lucas 2:52: "*Y Jesús crecía en sabiduría, en estatura, y en gracia para con Dios y los hombres*". Ese es exactamente el requisito establecido en el Talmud para un sumo sacerdote. Aunque Jesús no era rico materialmente, Él era superior en riqueza en un sentido espiritual.

También tenía que estar casado, y solamente con una mujer. Si su esposa moría antes del día de la Expiación, el sumo sacerdote tenía que volver a casarse antes de poder ofrecer el sacrificio en Yom Kipur. El sumo sacerdote debía estar casado para poder comprender la dinámica de una relación íntima con una sola persona y entender el compromiso y la fidelidad hacia un individuo. Mi compañero de estudio me explicó cómo esto se relaciona con nuestro Sumo Sacerdote, Jesús. Él, como nuestro Sumo Sacerdote, está casado con nosotros. Que estuviera casado significaba que tenía que compartir su corazón con su esposa y hacerse vulnerable para ella, como todo hombre hace con su esposa cuando le entrega su corazón. Le da la capacidad de romper su corazón, así como Jesús se hace vulnerable para con nosotros cuando nos entrega su corazón. Tal vez por eso Dios está cerca de los quebrantados de corazón, como aprendemos en Salmos 34:18. Él entiende un corazón quebrantado, porque nosotros hemos quebrantado su corazón muchas veces cuando buscamos otros dioses.

Hay algo más que encontré extraño sobre el sumo sacerdote en el Talmud. Esto se encuentra en Sanhedrin 18a. Aquí leemos que la esposa del sumo sacerdote tenía el derecho de divorciarse de su esposo y, si lo hacía, se le permitiría casarse con otro hombre. En la cultura hebrea, solo el hombre tenía el derecho de divorciarse. De nuevo, mi compañero de estudio señaló que esto muestra la lealtad de Dios hacia nosotros. Él nunca se divorciará de nosotros una vez que estamos casados con Él.

Podemos divorciarnos de Él y casarnos con otros dioses, pero Dios también permanecerá fiel a nosotros.

> *Así dijo Jehová: ¿Qué es de la carta de repudio de vuestra madre, con la cual yo la repudié? ¿O quiénes son mis acreedores, a quienes yo os he vendido? He aquí que por vuestras maldades sois vendidos, y por vuestras rebeliones fue repudiada vuestra madre.* (Isaías 50:1)

Sin embargo, hay una cosa más que me gustaría compartir. En el Talmud, Sanhedrin 4a, encontramos que un sumo sacerdote no puede ser visto despojado de ropa o desnudo. Esto ocurriría cuando se bañaba en el *mikvé,* baño parcial, o en el *tevilá,* inmersión completa. A menudo no era un baño privado, sino compartido. Los baños públicos eran bastante comunes y aún existen hoy en día en muchas culturas. No todos tenían un baño privado en esos tiempos, excepto el sumo sacerdote. Ahora bien, aquí está lo extraño de este arreglo. Aunque se tomaban muchas precauciones para asegurarse de que el sumo sacerdote no fuera visto desnudo, él mismo podría invitar a quien quisiera a compartir el baño con él.

Entonces, ¿cuál es el paralelismo de esto con nuestro *Rabkumra,* el Sumo Sacerdote Jesús? Mi compañero pudo ofrecer una explicación que fue profunda y que me hizo pensar. Este es nuevamente un retrato de entrar en el corazón de Jesús. "*Porque muchos son llamados, y pocos escogidos*" (Mateo 22:14). Muchos nacen de nuevo, pero no todos son invitados a compartir la intimidad de un *tevilá* con Jesús. Es decir, no todos buscan desarrollar su relación con Jesús diariamente en oración y estudio bíblico, donde se convierten en tan buenos amigos de Jesús que Él les confiará lo suficiente como para invitarlos a compartir la intimidad de su corazón. Esta intimidad es donde Jesús comparte su desnudez al revelar los misterios profundos de su corazón. Aquí, Él es verdaderamente *Rabkumra*, un rabino humilde que se hace vulnerable ante nosotros.

El corazón de Dios está disponible para todos, pero solo es por invitación, solo para aquellos que verdaderamente buscan lo buscan a diario y con todo su corazón, con toda su alma y con todas sus fuerzas (véase Deuteronomio 4:29). Muchos cristianos prefieren dejar que el predicador haga todo el estudio y luego compartir con ellos lo que ha aprendido en su sermón del domingo en la mañana.

Me dijeron en el seminario que un pastor debería pasar hasta cuarenta horas por semana estudiando la Palabra de Dios para preparar su sermón de veinte a cuarenta minutos. Intentar compartir un minuto por cada hora que uno estudia la Palabra de Dios... bueno, déjenme decirlo de esta manera, hay muchas buenas palabras que nunca serán predicadas.

"Y me buscaréis y me hallaréis, porque me buscaréis de todo vuestro corazón" (Jeremías 29:13). Esa oferta es para todo creyente, no solo para el individuo formado en escuelas y seminarios bíblicos.

4

LOS PROFETAS

"Al ver él que muchos de los fariseos y de los saduceos venían a su bautismo, les decía: ¡Generación de víboras!".
—Mateo 3:7

Muchos cristianos creen que hoy existen profetas, tal como los hubo en el Antiguo Testamento. Muchos otros creen que el oficio de profeta terminó con la canonización de la Escritura y que Juan el Bautista fue el último profeta. Los rabinos judíos me dicen que con la muerte de los últimos profetas como Hageo, Zacarías y Malaquías, al principio de la era del segundo templo, "el espíritu de profecía se fue". Esto se encuentra en el Talmud en Yoma 9b, Sanhedrin 11a y Sotah 48b. Nótese que el Talmud dice que el espíritu de profecía *se fue*, no que cesó, y muchos líderes judíos señalan que ha habido varios individuos excepcionales a lo largo de la Edad Media e incluso en tiempos modernos que han mostrado dones proféticos. Puesto que muchos cristianos creen que Juan el Bautista fue el último profeta, lo usaremos a él para examinar el oficio de profeta.

Juan está muy malinterpretado. A menudo se le presenta como un profeta salvaje y maniaco del fin del mundo, vestido con ropa mal ajustada, subsistiendo con insectos y miel silvestre. Llega al pueblo con el aspecto de un hombre salvaje, haciendo que los residentes locales huyan aterrados y las mamás escondan a sus hijos.

Déjame darte una imagen diferente de este hombre. Comencemos con su vestimenta. No era la ropa de un hombre loco mal vestido. Su vestimenta fue cuidadosamente elegida para transmitir un mensaje. Llevaba una prenda que ninguna persona normal usaría, porque era visiblemente incómoda. Estaba mostrando su rebeldía contra los líderes gubernamentales y religiosos corruptos que hacían fortunas a costa del pueblo común, obligándolos a vivir en pobreza y sufrimiento, como si estuvieran vistiendo ropa cubierta de pelo de camello. Comía langostas y miel, no porque viviera al borde de la locura, sino porque era kosher (ver Levítico 11:21-23) y para mostrar que seguía la ley religiosa. Lo más probable es que las langostas se referían a un pequeño pájaro que vivía en el desierto y se agrupaba en enjambres tan grandes que los beduinos los llamaban langostas y los utilizaban como fuente de alimento porque se podían atrapar fácilmente; es muy posible que eso fuera lo que Juan comía.

Juan el Bautista entraba a la ciudad no como un loco, sino como un defensor del pueblo. Su héroe cobraba un nuevo significado, pues ese cinturón de cuero era un símbolo que no se veía en la tierra de Israel desde hacía muchos, muchos años atrás. Las mamás les contarían a sus hijos sobre los días lejanos cuando los hombres entraban a las ciudades con cinturones de cuero, hombres que hablaban desde el corazón de Dios, que profetizaban sobre un día venidero cuando se impartiría justicia y los fieles a Dios entrarían en una nueva edad dorada. Ese cinturón de cuero era el símbolo de un verdadero profeta de Dios.

El mensaje de Juan era muy sencillo. En arameo, es la palabra *tuwu,* que simplemente significa volverse o regresar. En otras palabras, si has dejado tu primer amor, tu amor por Dios, regresa a él. Si nunca has amado a Dios, vuélvete a Él y aprende de su amor. Si fuiste bautizado por Juan, era simplemente una declaración de que estabas comprometido a amar a YHWH Elohim, el Señor Dios, con todo tu corazón, con toda tu alma y con todas tus fuerzas.

Cuando Juan bautizaba, había algunos fariseos y saduceos que asistían al evento (ver Mateo 3:7-10). Muchos de ellos estaban allí escuchando a Juan. No todos eran malos, como nos da la impresión por numerosos sermones y enseñanzas en la escuela dominical. Ellos creían firmemente que estaban ayudando a la humanidad y estaban haciendo mucho bien; sin embargo, había un elemento corrupto, lo que llevó a muchos a dar un consenso general de que todos eran malos.

Fueron estos fariseos y saduceos corruptos a los que Juan llamó generación o hijos de víboras (ver Mateo 3:7). La palabra "víbora" en arameo es *akidneh,* que se refiere a un escorpión. Cuando un escorpión macho se empareja, rápidamente muere, y cuando nace el escorpión joven, desgarra el cuerpo de la madre y esta muere. Como resultado, un escorpión bebé nace huérfano en este mundo, sin la guía de unos padres. Juan simplemente declaraba que los fariseos y saduceos eran huérfanos. "Tu padre Abraham murió dándote a luz, y hace mucho que perdiste su guía. Sin embargo, tu verdadero padre es YHWH Elohim, el Señor Dios. Tu salvación no se basa en tu relación con Abraham, sino con YHWH Elohim, el Señor Dios. *Tuwu.* Vuélvete o regresa a tu amoroso padre, YHWH Elohim, y ya no serás huérfano sin guía".

Aprendemos en Mateo 3:1 que "en aquellos días vino Juan el Bautista, predicando en el desierto de Judea". No sé ustedes, pero cuando veo la palabra "desierto" pienso en tierra árida e inhabitable, excepto por las pocas criaturas que vagan por el desierto. Así que, por alguna razón, me imagino a Juan el Bautista predicando a animales salvajes y arbustos. La palabra "desierto" es *eremo* en griego, que significa un lugar donde no hay hombre. Transmite la idea de ser inhabitable y desolado. Es una tierra baldía que está abandonada. Sin embargo, el versículo dice que él estaba predicando. Predicando ¿a quién? En griego, la palabra para "predicar" es *kerysson*, que significa proclamar, hablar públicamente con convicción y autoridad. En arameo, la palabra para "predicar" es *makaraz* del verbo *karaz*, que significa predicar, anunciar o proclamar. Sin embargo, proviene de una raíz semítica que se encuentra en las lenguas acadia y sumeria, usada para un recipiente de medida.

Cuando un predicador predica, llena a la congregación con la Palabra de Dios y luego mide a esa congregación de acuerdo con la Palabra de Dios que la llenó. ¿Está el predicador dando demasiado o muy poco? ¿Ha medido cuidadosamente la Palabra de Dios con la que está llenando a su congregación? En ocasiones, un predicador puede llenar a su congregación con demasiado, causando que reaccionen en exceso, o con muy poco, lo que provoca una respuesta escasa. Creo que Juan el Bautista no predicaba como nosotros entendemos la predicación, sino que estaba midiendo cuidadosamente la Palabra de Dios con la que el Espíritu Santo lo llenaba. Entonces, ¿realmente predicó Juan el Bautista en el desierto? La palabra para "desierto" en arameo es *bachuraba,* de la raíz *charav,* que es la palabra para un campo arado. Un campo que dará cosecha.

El Talmud tiene numerosas referencias al desierto o los campos arados de Judea. En Baba Kama 79b se alentaba a los judíos a llevar su ganado a los desiertos o campos arados de Judea. De hecho, el *Shir Hashirim Rabbah* (Midrash o comentario del Cantar de los Cantares) indica que había al menos cinco ciudades en el desierto de Judea donde Juan el Bautista pudo haber predicado, pero creo que la palabra para predicar, *karaz,* indicaría algo más. Esto probablemente sea una metáfora de que estaba predicando en una tierra lista para la cosecha. Podría haber llegado a Jerusalén con una reputación de un gran profeta de Dios por su predicación en las ciudades del desierto de Judea, pero el Rabbah continúa diciendo que este es el desierto donde se reveló la ley, se construyó el tabernáculo, vivían los sacerdotes, se estableció el oficio de los levitas, y todos los buenos regalos que Dios dio a Israel vinieron del desierto o los campos arados de Judea.

Creo que esto fue más un campo de entrenamiento para Juan el Bautista. No fue tanto el trabajo milagroso que precedió a Juan el Bautista lo que le dio credibilidad cuando llegó a Jerusalén; fue el hecho de que pasó tiempo en este desierto de donde se creía que venían todos los buenos regalos de Dios. Tal vez no estaba predicando en el desierto, sino que estaba *karaz* en su verdadero sentido, siendo lleno; es decir, siendo lleno del Espíritu Santo en el desierto, y cualquier proclamación o predicación que hiciera era adorar y alabar a Dios mientras aprendía a vivir una vida en el Espíritu Santo. Si ese es el caso, el pobre Juan el Bautista pasó treinta años preparándose para solo unos pocos meses de predicación antes de ser martirizado.

Tal vez haya una lección en esto. Muchos de nosotros podemos pasar toda una vida preparándonos para un ministerio que podría durar solo unos pocos meses; sin embargo, esos pocos meses podrían dar muchos más resultados que unos pocos meses de preparación y una vida de ministerio. Un atleta olímpico pasará años entrenando, sacrificándose y viviendo bajo estrés constante, llevando su cuerpo al límite por solo unos pocos minutos en un evento deportivo. No es inusual pasar mucho más tiempo preparándose para un evento que el tiempo que se pasa realizando ese evento.

La enseñanza rabínica sobre la vida de los profetas me ha ayudado a darme cuenta de que Dios podría llamarte a pasar años en preparación a través del estudio bíblico, la oración, el ayuno y el madurar para un ministerio corto que producirá resultados eternos.

5

LOS ESCRIBAS

"¡Ay de vosotros, intérpretes de la ley! porque habéis quitado la llave de la ciencia; vosotros mismos no entrasteis, y a los que entraban se lo impedisteis".

—Lucas 11:52

"Soy tan solo un estudioso hecho para enseñarles".

—Claude Hopkins

Algunas traducciones dicen: "¡Ay de vosotros, expertos en la ley!", mientras que otras dicen "doctores de la ley" o "maestros de la ley". La palabra en griego es *nomikois,* que significa experto en la ley. En arameo, la palabra es *saphra,* de donde obtenemos la palabra escriba. Los escribas eran los abogados de su época. Los fariseos aprendían de los escribas porque sabían leer y escribir, y no todos los fariseos sabían hacerlo. Por lo tanto, la interpretación de la Escritura provenía principalmente de los escribas, quienes conocían bien su ventaja: sabían leer, mientras otros no. Si no sabías leer, nunca te atreverías a contradecir la interpretación de un escriba porque no habría manera de refutarla.

Sin embargo, el término griego *nomikois* y el arameo *saphra* no solo se referían a los escribas, sino también a cualquiera que fuera alfabetizado y capaz de leer y escribir. Así, alguien como Pablo, que no era técnicamente un escriba pero sabía leer y escribir, sería considerado un *saphra*, y todos sabemos lo confundida que estaba su teología hasta que Jesús iluminó su camino.

La lección aquí es que solamente porque alguien se presente como un erudito bíblico no significa que su interpretación sea correcta. Confieso que en varias ocasiones he usado mi doctorado para ganar una discusión. Si las personas en el grupo de discusión no tenían un doctorado o no habían pasado cuarenta años estudiando idiomas bíblicos durante al menos tres o cuatro horas al día, generalmente aceptaban mi argumento. Estoy compartiendo este pequeño secreto sucio porque no soy el único que lo hace. Así como los escribas tenían ventaja por su alfabetización, yo tengo una ventaja porque soy alfabetizado en lenguas bíblicas. Solo alguien más que haya estudiado estos idiomas se atrevería a cuestionarme, y si lo hiciera, terminaríamos discutiendo para ver quién tiene un mejor dominio del idioma.

Cuando alguien comparte conmigo una idea personal y yo respondo: "Bueno, no es del todo correcto porque en hebreo...", ¿acaso acabo de quitar lo que Jesús llama la llave del conocimiento para esa persona? La palabra "llave" aquí en arameo es *qalida*, que significa cerrar o hacer desaparecer algo. Jesús dijo que estos *saphras* tenían la habilidad de hacer desaparecer el conocimiento al decir simplemente: "Yo puedo leer las Escrituras y tú no". Sin embargo, Dios tiene un modo de revelarse a las personas, y el

Espíritu Santo las guiará a la verdad a pesar de su supuesta falta de habilidades bíblicas. Pero un pastor, maestro, líder cristiano, o incluso alguien como Chaim Bentorah, quien ha estudiado en una universidad bíblica y un seminario, puede intimidar a alguien que no tiene más antecedentes que ser autodidacta. Esto lleva a que las personas se inclinen ante este *saphra,* haciendo que supongan que el conocimiento que recibieron del Espíritu Santo está equivocado.

Esto es lo que Jesús condena. Dios puede revelar sus Escrituras y su conocimiento sin la ayuda de personas con títulos y diplomas lujosos. Conduzco un estudio bíblico los sábados en la mañana, y hasta donde sé, ninguno de los participantes tiene un trasfondo en escuelas bíblicas. Aun así, me asombra la sabiduría que se comparte. Incluso comparto sus ideas con otros.

Jesús continúa diciendo a los escribas: "*porque habéis quitado la llave de la ciencia; vosotros mismos no entrasteis*" (Lucas 11:52). Esto implica que retienen un conocimiento que ni siquiera ellos mismos han explorado. En otras palabras, hablan de cosas que no comprenden. Alexander Pope dijo: "Un poco de aprendizaje es algo peligroso".[1] He escuchado a cristianos que dicen haber estudiado hebreo afirmar que la palabra "Elohim" es plural...y, por lo tanto, en Génesis 1:1, donde Dios es plural, se está refiriendo a la Trinidad. Tal declaración muestra una falta grave de conocimiento sobre las reglas gramaticales. Lo peor es que, al usar su carta de "mira qué inteligente soy", impiden que alguien sin conocimiento de lenguas bíblicas entre en una revelación personal que Dios quiere darle. Básicamente, están obligando

1. Alexander Pope, *An Essay on Criticism* (1709).

a las personas a verificar a Dios con un vendedor humano de aceite de serpiente.

Jesús dijo finalmente: "*...y a los que entraban se lo impedisteis*". Lo que Jesús les decía a los *saphras,* también nos lo dice a ti y a mí: si tienes un trasfondo académico o ciertas credenciales, puedes impedir que las personas accedan a un conocimiento que ni siquiera tú has explorado, simplemente al mostrar un certificado que diga que terminaste un curso de hebreo. Jesús nos recuerda que todo conocimiento verdadero viene de Dios, no de Chaim Bentorah ni de ti.

Me impresionó mucho lo que un rabino compartió sobre su experiencia en la *Yeshivá*. Además de las conferencias y las clases, él y un compañero de estudio utilizaban el estilo de aprendizaje havruta. Él y su compañero examinaban la Torá en un aula donde el rabino se sentaba en un escritorio. Si ambos tenían dificultades para interpretar un pasaje en particular de la Torá, después de un tiempo el rabino se sentaba en el escritorio con ellos y les preguntaba: "Bueno, ¿qué pueden enseñarme?". El rabino era muy respetado, con numerosos logros académicos, pero aun así sentía que todavía tenía mucho que aprender de sus estudiantes. Esa historia me hizo pensar en lo que Jesús dijo en Lucas 11:52 y en la necesidad de que un maestro, erudito o escriba sea humilde y esté abierto a seguir aprendiendo, sin usar su título académico para intimidar a otros y obligarlos a seguir su propia agenda o sistema de creencias.

6

LOS SADUCEOS, LOS FARISEOS Y LA SALVACIÓN

"Que si confesares con tu boca que Jesús es el Señor, y creyeres en tu corazón que Dios le levantó de los muertos, serás salvo. Porque con el corazón se cree para justicia, pero con la boca se confiesa para salvación".

—Romanos 10:9-10

Esta es una fórmula bastante sencilla para ser salvo: di las palabras "Señor Jesús" y cree que Él resucitó de entre los muertos, y ya lo tienes. Me recuerda a una escena de la antigua película *Los cazafantasmas,* cuando estaban contratando a un nuevo miembro para el equipo. La secretaria enumeró una lista de "¿Crees en...?", mencionando numerosos eventos sobrenaturales. El entrevistado respondió: "Si hay un cheque de pago en eso, lo creo".

Recuerdo asistir a una iglesia donde el pastor hacía que cada nuevo convertido se pusiera de pie frente a la congregación y repitiera las palabras: "Jesucristo es el Señor". Después de todo, eso es lo que dice la Escritura: debes confesar con tu boca que Jesucristo es el Señor para ser salvo. Sin embargo, no escuché al pastor explicar qué significaba que Jesucristo fuera el Señor, ni tampoco explicó qué significaban realmente las palabras "Jesús", "Cristo" y "Señor". Aparentemente, era suficiente con recitar esas palabras como si fuera algún tipo de encantamiento.

Recuerdo otra película, una sátira, en la que el personaje principal estaba en un monasterio buscando un nivel espiritual superior. Era una molestia total para los otros monjes, y cuando surgió la oportunidad de lograr que se fuera, el líder espiritual del monasterio le dio lo que esperaba que fueran buenas noticias: podía dejar el monasterio y llevar una vida normal. Nuestro héroe protestó diciendo que no estaba listo para irse, ya que aún no había alcanzado la iluminación. El líder espiritual hizo un pequeño gesto con la mano y dijo: "Ya lo tienes". Nuestro héroe protestó nuevamente, diciendo que necesitaba algún símbolo, y el líder espiritual rápidamente le dio un collar que llevaba y dijo: "Toma, puedes quedarte con el mío". Nuestro héroe se sintió satisfecho creyendo que había alcanzado su iluminación, y el monasterio se alivió de su molestia.

Todo esto es bastante humorístico, pero temo que hemos llevado la salvación misma —la experiencia de nacer de nuevo en Jesús— a ese nivel. Recita una oración del pecador, pronuncia algunas palabras, y tienes el cielo y todos sus beneficios. Durante mis años en la universidad participé en muchos programas evangelísticos. Después de todo, un requisito para ser un buen cristiano era ganar almas. Te acercabas a algún desconocido, compartías algunos versículos de la Escritura, señalabas su necesidad y cómo Jesús podía suplirla, y luego sellabas el trato con una oración del pecador. En un punto de mi vida terminé involucrado en la venta de seguros, aunque nunca pasé de las clases de ventas; pero recuerdo la fórmula para realizar una venta en frío porque era idéntica a mis clases de evangelismo.

En mi corazón, siento que hice muy pocos conversos. Poco después comencé a estudiar arameo y descubrí que la palabra aramea para "convertir" en realidad era una palabra para *sumisión*. No somos llamados a hacer conversos; somos llamados a animar a las personas a someterse a Dios. Un converso significa que consigues que alguien acepte tu modo de pensar, tu teología y tu doctrina, y que se convierta en miembro de tu secta. Al animar a alguien a someterse a Dios, estás colocando toda la carga de la doctrina, la teología y los credos en manos del Espíritu Santo, y no en las de tus pastores y maestros denominacionales. Sin embargo, por alguna razón parece que no podemos confiar en el Espíritu Santo para guiar al nuevo creyente hacia la doctrina y la teología correctas; sentimos que debemos ayudar al Espíritu Santo con su trabajo. He guiado a muchos católicos al Señor, y aún siguen siendo católicos; sin embargo, su misa tiene mucho más significado para ellos y expresa su amor por Dios.

¿Es suficiente con decir "Jesucristo es el Señor" y creer que Él resucitó de entre los muertos para obtener la salvación? Esa parece ser la fórmula que Pablo da (ver Romanos 10:9). Pero luego habla de arrepentimiento, sumisión, gracia y fe. Eso es mucho más que recitar unas palabras y creer en la resurrección.

Primero debemos entender a quién se dirigía Pablo. Su audiencia en esa ocasión estaba compuesta por saduceos. Muchos cristianos no conocen la diferencia entre los saduceos y los fariseos. Eran los dos grupos gobernantes entre los judíos del primer siglo.

Los fariseos interpretaban estrictamente la Torá y desarrollaron una ley oral para explicar y ampliar la Torá. Creían en Israel primero y rechazaban totalmente cualquier intento de control por parte de poderes extranjeros como Roma.

Los saduceos creían que la Torá tenía muchas interpretaciones diferentes para adaptarse a los tiempos. También creían en un gobierno poderoso y controlador como Roma, y que uno debía ser más sumiso a una comunidad global.

Los saduceos y los fariseos tenían creencias diferentes sobre la resurrección y la vida después de la muerte. Los saduceos no creían en una resurrección ni en una vida después de la muerte; cuando morías, toda existencia cesaba. Los fariseos tenían un concepto de cielo e infierno y creían que habría una resurrección.

Por lo tanto, sugerir que Jesucristo era el Señor y decirle a un saduceo que debía admitir públicamente que Jesús había resucitado era negar todo su sistema de creencias. El Mesías tenía que ser una persona viva que los guiara a una era dorada. La única manera de creer que Jesús era el Mesías era admitir algo que no creían: que Él había resucitado.

Los saduceos eran muy activos en Judea, particularmente en Jerusalén, el hogar del templo. El templo era su centro de poder, donde se encontraban la autoridad, las enseñanzas y doctrinas de la élite. Los sacerdotes y el sumo sacerdote dictaban lo que el pueblo debía creer y cómo interpretar la Torá. Los fariseos controlaban las sinagogas, donde el poder para determinar la doctrina y la teología recaía en el judío promedio, como un pastor.

Las enseñanzas de Jesús y Pablo resultaban totalmente insatisfactorias para ambos grupos. Su mensaje consistía en la esperanza de una vida después de la muerte y eliminaba el requisito de seguir la Torá para ser salvo. Solo se necesitaba fe en el Mesías llamado Jesús, y la Torá era un buen maestro de escuela.

Tuve la oportunidad de llevar en mi autobús para personas discapacitadas a un hombre sordomudo. Nació así, por lo que no puede hablar en absoluto. Puede emitir gruñidos, gemidos y pequeños silbidos como vocalizaciones no verbales. Es imposible para él confesar a Jesús como Señor con palabras. Entonces, ¿queda fuera del plan de salvación? De ninguna manera. Pasamos frente a una iglesia y él con emoción la señaló, y luego a sí mismo. No estoy seguro de si asistía a esa iglesia, ya que gran parte del servicio de una iglesia es verbal y auditivo. Él no puede escuchar el sermón ni la música, pero puede leer el lenguaje de signos, así que quizá haya alguien en la iglesia que lo use. Sin embargo, él expresó su lealtad a Dios. Reconoció públicamente a Jesús como su Señor (al menos, esa fue mi interpretación), aunque no realmente con su boca.

Analicemos Romanos 10:9-10 a la luz de un saduceo. Reconocer a Jesús como el Mesías sería un signo de arrepentimiento, de que está abandonando o rechazando las enseñanzas de su cosmovisión por lo que cree que el Espíritu Santo está revelando a su corazón. Reconocerlo como Señor sería su declaración, ya sea verbal o en sus acciones, de que este Jesús que estaba muerto es su maestro, su autoridad suprema. Habría un precio que pagar por tal reconocimiento. Sería excluido del templo y de cualquier asociación con sus amigos e incluso con sus familiares que fueran miembros de la secta saducea. Probablemente perdería cualquier trabajo o medio de sustento del que dependiera.

Sería una entrega completa a Dios, tal como Él se revelaba a través del Espíritu Santo en su vida.

Un movimiento así conllevaría no solo una convicción interna, sino también una experiencia personal en una relación con Dios. Entonces, tendría que creer en su corazón que Dios resucitó a Jesús de entre los muertos. Esto era un rechazo total a la creencia más fundamental de un saduceo: que no solo había vida después de la muerte, sino también una resurrección en esta vida. Pero eso incluiría el reconocimiento de que existía un castigo definitivo para su pecado después de la vida, y tendría que buscar la palabra final en la declaración de Pablo: salvación. Salvación ¿de qué? Un buen judío no necesitaría que se le explicara qué; era obvio: del pecado. Pedir salvación sería pedir perdón por el pecado.

Ahí radica todo el plan de salvación: reconocer que hay un castigo eterno por el pecado, que necesitamos a un Mesías para redimirnos de nuestros pecados, y debemos creer que Dios envió una encarnación de sí mismo en forma de un ser humano que murió y resucitó. Necesitamos arrepentirnos de nuestros pecados y rendirnos completamente (nuestra vida, nuestro sustento, todo) a Dios.

Todo esto debe ser una expresión de nuestro corazón. No deben ser simples palabras sin sentido o una transmisión superficial desde una boca humana. En lugar de eso, todo debe venir del corazón, el núcleo de tus pasiones, creencias y de todo tu ser. Así tendrás la salvación. La palabra aramea usada para "salvación" es *chia'*, que significa vida o vivir. De hecho, en arameo tiene la idea de un círculo de vida, o vida eterna, una vida que no termina. Esto habría dejado totalmente atónito a un saduceo que creía que la vida terminaba con la muerte. Pablo estaba enseñando que la muerte es solo el comienzo de la vida.

7

NICODEMO: EL AMABLE

"Había un hombre de los fariseos que se llamaba Nicodemo, un principal entre los judíos".
—Juan 3:1

Sabemos poco sobre Nicodemo, aparte de lo que encontramos en Juan 3. Sabemos que era un fariseo. La palabra "fariseo" en arameo es *perisha'*, que significa ser apartado o separado. Básicamente, como se explicó en el capítulo anterior, estaban separados de los saduceos, quienes favorecían la helenización o la asimilación a la cultura griega, que era la fuerza dominante de aquella época. Los fariseos se negaban a asimilarse a la cultura griega, aferrándose a sus raíces judías. Los saduceos estaban formados por la élite y la tribu sacerdotal, mientras que los fariseos descendían de sabios y rabinos y representaban más al pueblo común.

Las creencias farisaicas evolucionaron hasta convertirse en la base de las creencias litúrgicas y rituales del judaísmo rabínico que tenemos hoy. Los rabinos tienen sus raíces en la secta farisaica. Los fariseos creían en la Torá y en el resto de lo que hoy conocemos como el Antiguo Testamento, que fue canonizado por el Sanedrín como la Palabra de Dios inspirada; sin embargo, también creían que las leyes o enseñanzas orales (conocidas hoy como el Talmud) eran igualmente autoritativas e inspiradas, como la Torá.

Por otro lado, los saduceos rechazaban todo excepto la Torá original: los cinco primeros libros de la Biblia. Esto creó una gran tensión doctrinal entre saduceos y fariseos. Ambos formaron sectas religiosas distintas. Una secta es un grupo religioso que es un subconjunto de una religión (en este caso, el judaísmo) que comparte las mismas creencias fundamentales de esa religión pero tiene diferencias marcadas en cuanto a otras doctrinas. Es una rama de un grupo más grande. Por ejemplo, a mediados del siglo XX el cristianismo tuvo un grupo carismático que practicaba un culto más ferviente y una relación personal con Dios que la mayoría de las denominaciones protestantes tradicionales. Los carismáticos creían en manifestaciones del Espíritu Santo mediante sanidades milagrosas, hablar en lenguas, y una relación personal con Dios. Los evangélicos asistían a la iglesia y adoraban en congregaciones más tradicionales, enfocándose en hacer del mundo un lugar mejor, pero rechazaban las manifestaciones del Espíritu Santo a las que los carismáticos se aferraban. Podríamos hacer una comparación muy general: el elemento liberal de la iglesia sería como los saduceos, y los carismáticos como los fariseos. Con esta ilustración puedes entender el conflicto entre los dos grupos.

El pueblo judío del primer siglo generalmente se alineaba con los fariseos, ya que reflejaban un enfoque más tradicional hacia su fe. En su mayoría, los fariseos eran hombres buenos y piadosos que buscaban servir a Dios según dictaba su conciencia. Lo que les dio tan mala reputación fue que muchos menospreciaban a quienes no eran tan devotos como ellos. Los fariseos han tenido una mala fama. De hecho, hoy en día si queremos hablar mal de una persona religiosa, la llamamos fariseo. Con esto, lo acusamos de ser hipócrita, arrogante, o de presumir mucho. Aunque esto es cierto de algunos fariseos, no todos eran así. Nicodemo era uno de esos fariseos buenos.

El nombre *Nicodemo* es difícil de descifrar. Parece provenir de una raíz aramea (arameo babilónico) que significa alguien amable y gentil. Sin embargo, ciertos escritos de Josefo sugieren que es un apodo de origen griego, que significa conquistador del pueblo. En el Talmud, Ta'anit 21a se sugiere que su verdadero nombre era *Buni,* que significa el discernidor o el entendido. Era considerado un líder entre los judíos porque era miembro del Sanedrín. Se acercó a Jesús de noche, no porque tuviera vergüenza o miedo de que la gente hablara sobre que él estaba asociado con Jesús. De hecho, sería todo lo contrario: un gran líder buscaba dialogar con un maestro itinerante. Reunirse con Jesús de noche indicaba más bien un diálogo informal. En ese tiempo, sin luz eléctrica, la gente solía acostarse al atardecer, dormir unas horas, levantarse por un par de horas para socializar y luego volver a dormir hasta el amanecer. Esto sigue ocurriendo en lugares del mundo sin electricidad o luz artificial. Por lo tanto, el encuentro nocturno de Nicodemo con Jesús no era secreto, sino una reunión informal.

Nicodemo solo es mencionado en el Evangelio de Juan, apareciendo en tres lugares: en Juan 3, cuando se encuentra con Jesús de noche; en Juan 7:50, dialogando con sus colegas en el Sanedrín; y en Juan 19, después de la crucifixión de Jesús. Fuera de la Biblia, Nicodemo aparece en un libro llamado El Evangelio de Nicodemo, una obra medieval del siglo IV. Aunque afirma haber sido escrito por Nicodemo, no hay evidencia de ello, y el estilo sugiere varios autores y orígenes paganos. Generalmente, los eruditos no lo consideran auténtico.

También hay una referencia en el Talmud judío a alguien que podría ser Nicodemo, llamado Nicodemo Ben Gurion en Ta'anit 19b y Gittin 56a. Además, aparece en las obras de Josefo, en *Las guerras de los judíos*. Es descrito como un hombre judío rico pero generoso que vivió en Jerusalén en el siglo I y perdió su riqueza como represalia de los zelotes al tratar de negociar la paz con el emperador romano Vespasiano a través de su hijo Tito. También se le consideraba un hacedor de milagros. Esto haría que Nicodemo fuera un hombre joven, contemporáneo de Jesús o más joven, cuando tuvo el encuentro con Él.

Si Nicodemo Ben Gurion es el mismo Nicodemo de Juan 3, el hecho de que fuera un hacedor de milagros explicaría su visita a Jesús. Nicodemo no hizo referencia a las enseñanzas de Jesús, sino únicamente a sus milagros. Como hombre santo, Nicodemo habría deseado saber el secreto detrás del poder de Jesús para realizar milagros. Esto explicaría la respuesta abrupta de Jesús sobre nacer de nuevo para entrar en el reino de Dios. En el pensamiento judío de la época, el reino de Dios era el conocimiento de Dios y de cómo Él actuaba.

En arameo, la respuesta de Nicodemo a las palabras de Jesús sobre el nuevo nacimiento era más una declaración que una pregunta (ver Juan 3:4). En otras palabras, él preguntó: "Entonces, ¿no te refieres a entrar nuevamente en el vientre de tu madre y nacer otra vez?". La respuesta de Jesús fue que uno debe nacer de agua y del Espíritu (versículo 5), pero Jesús no se estaba refiriendo al bautismo. En ese tiempo, el bautismo era una manera de identificarse con un maestro en particular, y los seguidores eran bautizados en el nombre de ese maestro.

Nicodemo habría reconocido que el agua a la que Jesús se refería era agua viva, el mismo mensaje que Jesús dio a la mujer samaritana en el capítulo siguiente (ver Juan 4:6-30). El agua viva era un símbolo judío del siglo I para la purificación. Uno debía nacer purificado. En arameo, aparece la preposición *Mem* delante de la palabra agua, lo que indica que es nacer del agua; es decir, nacer de la purificación de los pecados y del Espíritu de Dios.

Jesús, utilizando técnicas familiares para los rabinos de su tiempo, ilustró nuestra relación con Dios a través de un matrimonio. Antes de una boda judía, el novio y la novia debían sumergirse en una mikvá como ceremonia de purificación. Entonces se colocaban bajo una carpa donde intercambiaban sus votos. Después de declarar sus votos, atravesaban la carpa como pasando por una puerta, entrando en una nueva vida unidos espiritualmente como uno. En ese momento se consideraban nacidos de nuevo, es decir, entrando en una nueva vida. Una vida que ya no se centraba en ellos mismos sino en la pareja. Los recursos no se compartían en proporciones de cincuenta por ciento cada uno, sino que eran cien por ciento de los dos. No tomaban decisiones ni realizaban compras importantes sin consultarse mutuamente. Funcionaban como uno solo. Esto es lo que significa nacer de nuevo en Dios. Literalmente estamos casados con Dios, de modo que el cien por ciento de lo suyo es también cien por ciento nuestro. No le damos solo el diez por ciento de nuestras ganancias y nos quedamos con el noventa por ciento. Todo lo que tenemos es de Dios. Nos convertimos en uno con Dios en Espíritu. No tomamos decisiones sin consultarle; todo lo que hacemos, lo hacemos para Él.

Cuando Nicodemo preguntó a Jesús cómo podía suceder esto, Jesús respondió: *"¿Eres tú maestro de Israel, y no sabes esto?"* (Juan 3:10). Muchos predicadores hoy enseñan la salvación por gracia y fe, no por obras. Sin embargo, con el mismo aliento insisten en que debes asistir a la iglesia todos los domingos y dar el diezmo de tus ingresos. Pero si les preguntas si puedes ser salvo sin ir a la iglesia o pagar el diezmo, tal vez no respondan con claridad. *"De cierto, de cierto te digo, que lo que sabemos hablamos, y lo que hemos visto, testificamos; y no recibís nuestro testimonio"* (Juan 3:11). En otras palabras, Jesús le decía a Nicodemo, de manera educada: "Si tienes que preguntarme qué significa, entonces no practicas lo que predicas".

8

ATAR Y DESATAR

"Y pondré la llave de la casa de David sobre su hombro; y abrirá, y nadie cerrará; cerrará, y nadie abrirá".
—Isaías 22:22

"Y a ti te daré las llaves del reino de los cielos; y todo lo que ates en la tierra será atado en los cielos; y todo lo que desates en la tierra será desatado en los cielos".
—Mateo 16:19

Mateo 16:19 se ha convertido en un versículo popular en los últimos años para enseñar acerca del poder de la oración. Si dos o tres se reúnen, entonces todo lo que aten en la tierra será atado en el cielo, y así Dios concederá nuestra petición de oración (ver Mateo 18:19 y 16:19). Sin embargo, la frase *"todo lo que ates en la tierra será atado en el cielo y todo lo que desates en la tierra será desatado en el cielo"* es en realidad una frase que era utilizada comúnmente por los rabinos y líderes religiosos durante el tiempo de Jesús. Para comprender este pasaje desde un punto de vista rabínico, necesitamos ir al Antiguo Testamento y al libro de Isaías.

En el cristianismo, generalmente aceptamos que Isaías 22:22 es mesiánico. Soy consciente y estoy completamente de acuerdo. No soy católico, pero sí adopto una interpretación muy católica de Mateo 16:19. Esto no significa que crea que la autoridad dada a Pedro por Jesús estaba destinada a tener sucesión apostólica. No encuentro ninguna base bíblica para creer que se otorgó a Pedro una autoridad tan poderosa para ser transmitida. Sostengo que no fue destinada a ir más allá de la vida de Pedro. Jesús otorgó esta autoridad para ayudar en el establecimiento de la iglesia.

Con respecto a Isaías 22:22, el contexto histórico nos lleva a Eliaquim, quien era el primer ministro o ministro de finanzas del rey Ezequías. Dios lo usó como una figura del Mesías, y creo que Jesús, como un buen maestro religioso, usó esta imagen bíblica para explicar la autoridad que otorgaría a Pedro. Esto nos lleva a la conclusión obvia de que rechazo la interpretación popular de Mateo 16:19 que sugiere que Jesús nos está otorgando la autoridad para gobernar sobre los espíritus demoníacos. Aunque creo que tenemos esa autoridad a través de la sangre de Jesucristo y el poder del Espíritu Santo, no creo que se haya otorgado en este pasaje, ni acepto las muchas otras interpretaciones que parecen surgir sobre Mateo 16:19. Como hay muchas interpretaciones de este versículo, permítanme compartir una interpretación basada en algo que aprendí de los rabinos, y que me parece más precisa. Sí, estoy ondeando mi bandera de solidaridad con la enseñanza judía aquí. Pero antes de que recojan piedras para apedrearme, permítanme explicar por qué creo lo que creo y por qué estoy caminando por este campo de minas.

En Mateo 16:19 Jesús le dio las llaves del reino a Pedro y le dijo que todo lo que atara en la tierra sería atado en el cielo, y todo lo que desatara en la tierra sería desatado en el cielo. La palabra "atar" en griego es *dein* y "desatar" es *luein*. La Septuaginta utiliza estas mismas palabras para los términos hebreos *asar* y *hitir*. En mi Biblia aramea, la Peshitta usa la palabra aramea *'esar* para atar, que es un derivado de la palabra hebrea *'asar*, y la palabra aramea *shira* para "desatar", que también es un derivado de la palabra hebrea *hitir*. Ambas palabras son términos legales que se encuentran a lo largo de la Mishná y el Talmud, y representan prohibir y permitir. El consejo de sabios y rabinos del Sanedrín recibió la autoridad (otorgada por los hombres) para *asar* o *'esar* (atar) y *hitir* o *shira* (desatar o liberar) a los judíos de aspectos de la ley. Se creía que todo lo que los rabinos ataban (*'asar, 'esar*) en la tierra estaba atado en el cielo, y todo lo que desataban (*hitir, shira*) en la tierra estaba desatado en el cielo. Esto se registró en la tradición de los padres durante el tiempo de Jesús, lo cual finalmente se convirtió en el Talmud. La palabra "cielo" era simplemente otro término usado para representar a Dios, para evitar pronunciar el nombre sagrado de Dios. Por lo tanto, se creía que lo que el Sanedrín decidía, ya fuera atar (*'asar, 'esar*) o desatar (*hitir, shira*), estaba automáticamente ratificado por Dios. Parecería que Jesús usó esta misma expresión popular para otorgar una autoridad similar a Pedro para resolver futuras disputas en el establecimiento de la iglesia.

En Hechos 15:10 encontramos a Pedro ejerciendo esta autoridad rabínica que le fue otorgada por los mismos labios de Jesús al atar (*'asar, 'esar*) y desatar (*hitir, shira*) para declarar que los mandamientos eran demasiado pesados para los gentiles y que debían ser liberados de las obligaciones de la ley. En el versículo 20 Santiago se unió diciendo que estaba de acuerdo, pero que los gentiles aún debían ser atados por las leyes que los judíos consideraban prohibiciones universales, como el asesinato, el adulterio, la idolatría, etc. En el versículo 22 parece que todos dieron un fuerte "amén" y luego enviaron a Pablo y Bernabé a difundir la Palabra.

Derivado de esto, creo que la cuestión de la ley y nuestra obligación hacia la ley fueron resueltas y luego confirmadas por el apóstol Pablo en el primer siglo y bajo la autoridad de atar (*'asar, 'esar*) y desatar (*hitir, shira*) otorgada a Pedro por Jesús. Nosotros, como gentiles, no estamos sujetos a las leyes judaicas que son específicas del judaísmo, como las leyes dietéticas, las leyes de las fiestas, el diezmo, etc.; pero estamos sujetos a aquellas leyes que se consideran leyes universales, como no cometer asesinato, adulterio, idolatría, etc. Es útil examinar la literatura judía para saber cuáles son las leyes universales, pero el Espíritu Santo hace un mejor trabajo guiándonos en nuestros corazones.

¿Dije que los gentiles estaban desatados de la ley del diezmo? Veo que algunos de ustedes están recogiendo esas piedras nuevamente. Pero escúchenme. Ni siquiera los judíos practican el diezmo porque es una ley que aplica únicamente al templo, y dado que el templo ya no existe, esta ley ya no es aplicable para nadie. Incluso el apóstol Pablo aborda esto: "*Cada uno dé como propuso en su corazón, no con tristeza, ni por necesidad; porque Dios ama al dador alegre*" (2 Corintios 9:7). La palabra "alegre" es *chadi* en arameo, que implica una sensación de pura alegría. En este contexto, Pablo está diciendo que debemos dar simplemente por el gozo de dar, sin motivos ocultos. No debemos dar con tristeza, lo cual se expresa en la palabra aramea *kariutha*, que significa dolor o infortunio. Es decir, no debemos dar si algún infortunio o dolor nos afecta esperando que Dios nos libre de nuestra desgracia o alivie nuestro sufrimiento. Tampoco debemos dar por necesidad, que en arameo es la palabra *qatiria*, que significa conspiración; es decir, una trama secreta para obtener algo de manera ilegal. En este contexto, Pablo se está refiriendo a aquellos que dan pensando que su ofrenda sobornará o manipulará a Dios para que les conceda una bendición.

No me opongo al diezmo. Si queremos tener un edificio de iglesia donde podamos reunirnos para disfrutar del puro gozo de la comunión cristiana y la adoración, y si deseamos que alguien dirija esa iglesia, deberíamos pagar nuestra parte justa para establecer una institución de este tipo. Sin embargo, desde una comprensión judía del diezmo, no estamos bajo ninguna obligación o ley escritural de dar el diez por ciento de nuestros ingresos a la iglesia. Lo hacemos por el puro gozo de tener una oportunidad y un lugar donde adorar en comunión con otros creyentes.

El punto es que, si miramos Isaías 22:22 y Mateo 16:19 desde un contexto histórico y cultural judío, nos ayudará a comprender la importancia de Hechos 15 y tal vez nos lleve a repensar nuestra interpretación de Mateo 16:19. Además, podría ayudarnos a obtener una visión más clara de nuestra obligación con respecto a la ley. Muchos rabinos me han dicho que, como gentil, no estoy *'asar* o *'esar* (atado) a los 613 mandamientos, sino *hitir* o *shira* (liberado) de todos excepto de los Diez Mandamientos. Algunos incluso han dicho que solo estoy atado a tres de los Diez Mandamientos; pero prefiero tomar mi guía directamente del Espíritu de Dios.

9

EL SEGUNDO ES COMO EL PRIMERO

"Entonces dijo Dios: Hagamos al hombre a nuestra imagen, conforme a nuestra semejanza".
—Génesis 1:26

"Y amarás al Señor tu Dios con todo tu corazón, y con toda tu alma, y con toda tu mente y con todas tus fuerzas. Este es el principal mandamiento. Y el segundo es semejante: Amarás a tu prójimo como a ti mismo. No hay otro mandamiento mayor que estos".
—Marcos 12:30-31

Los antiguos maestros judíos usaban un truco rabínico que les era muy útil. Los judíos reconocían que ciertas leyes parecían ser más importantes que otras. Por ejemplo, se debía honrar a los padres, pero también se debía honrar a una madre pájaro; obviamente, era más importante honrar a los padres. Sin embargo, los maestros antiguos se referían a dos leyes diciendo: "La segunda es semejante a la primera", indicando que la ley aparentemente menos importante es igual de significativa que una ley que parece tener mayor valor.

Recuerdo una ocasión cuando estaba experimentando una aflicción física y oré por sanidad. Oré con fe, creyendo, tal como los predicadores me enseñaron a orar, pero no fui sanado. Rogué y supliqué a Dios, y aun así no ocurrió nada. Finalmente, levanté el puño hacia el cielo y clamé: "Dios, tú eres Dios, tú eres espíritu. No tienes un cuerpo físico, así que, ¿cómo sabes lo que es sufrir dolor físico? ¿Eh? ¿Eh? Tienes mucho valor al esperar que yo pase por todo este sufrimiento cuando tú estás allá en el cielo, libre de todo sufrimiento. ¿Por qué no bajas aquí a la tierra en un cuerpo humano por un tiempo y ves cómo es, y entonces tal vez estarías más dispuesto a escuchar nuestras súplicas de sanidad?".

Fue entonces cuando me di cuenta: Él hizo exactamente eso. Él vino a la tierra en un cuerpo humano, y Él sufrió tormento y muerte. Él sí sabe, Él sí entiende. Además, somos hechos a su imagen, que en hebreo es *tselem*, una palabra que se usa para "sombra". Somos solo sombras de lo que Él es. La palabra "imagen" no significa dos brazos, dos piernas, un rostro, y demás. Significa que tenemos emociones y un corazón como el suyo. Así como nosotros experimentamos un corazón quebrantado, Él también experimenta un corazón quebrantado. "*Cercano está Jehová a los quebrantados de corazón*" (Salmos 34:18). ¿Por qué está cerca de los quebrantados de corazón? Porque nosotros quebrantamos su corazón cada día. Él conoce y entiende un corazón quebrantado porque, ¿quién puede empatizar mejor que alguien cuyo corazón es quebrantado a diario?

Las palabras en hebreo para "quebrantado de corazón" son *nisheberi lev*. *Nisheberi* proviene de la raíz *shabar*, que significa aplastar, destrozar, demoler o destruir. ¿Eso describe cómo está tu corazón? Pues bien, describe lo que hacemos al corazón de Dios cuando buscamos a otros dioses de este mundo para obtener consuelo, fortaleza, apoyo y seguridad. Notemos que *nisheberi* está en forma reflexiva (niphal); Dios se permite a sí mismo, voluntariamente, abrirse a tener un corazón quebrantado. Él es Dios; no tiene que sufrir un corazón quebrantado. ¿Por qué se somete a todo eso si no tiene que hacerlo?

La respuesta está en Génesis 1:26. No solo fuimos creados a su imagen; es decir, para tener una mente y un corazón como el suyo, sino que también fuimos creados conforme a su semejanza. Ahora bien, en español, las palabras "imagen" y "semejanza" parecen tener significados similares; sin embargo, la palabra hebrea para "semejanza" es *dumah*, que no es apariencia sino una cualidad; es semejanza en valor. Dios nos creó, seres humanos, para ser de igual valor que Él. Esta palabra va incluso más allá: no solo significa iguales en valor, sino iguales *o más* en valor.

¿Qué significa ser a su semejanza, su *dumah*? Recientemente leí acerca de cómo una famosa celebridad murió en un accidente automovilístico. La investigación reveló que, en un instante antes del trágico evento, la celebridad instintivamente lanzó su cuerpo sobre su esposa para protegerla del impacto. Ella sobrevivió; él no. Los investigadores dijeron que, de no haber arrojado su cuerpo sobre ella, él habría sobrevivido pero ella habría muerto. Este hombre amaba a su esposa con un amor *dumah*, de igual o mayor valor que a sí mismo, más que a su propia vida. Ni siquiera tuvo tiempo de pensar en ello y decidir sacrificar su vida por su amada. Amaba tanto a su esposa que fue instintivo sacrificar su vida por ella. No tuvo tiempo para pensar si quería entregar su vida por ella, ni tuvo tiempo de sopesar la situación en su mente. Su amor por ella era tan profundo que no había necesidad de tomar una decisión. Esa decisión ya se tomó cuando se enamoró de ella.

Eso es *dumah,* ser a semejanza de alguien o algo; valorar a alguien tanto o más que a uno mismo. Así es como Dios nos creó, para ser de igual valor para Él. Sí, incluso nos valora más que a Él mismo, más que a su propia existencia.

Ahora consideremos esto desde el Nuevo Testamento. En Marcos 12 tenemos la historia de un escriba que se acerca a Jesús y le pregunta cuál es el mandamiento más importante. Jesús responde que es amar al Señor tu Dios con todo tu corazón, con toda tu alma, con toda tu mente y con todas tus fuerzas. Entonces añade: "*Y el segundo es semejante: Amarás a tu prójimo como a ti mismo. No hay otro mandamiento mayor que estos*" (Marcos 12:31). En arameo, dice: "El segundo es semejante al primero". Como se explicó antes, esta es una expresión y un truco rabínico antiguo para colocar dos cosas juntas como de igual valor. Así, es igual de importante y de igual valor amar a tu prójimo como a ti mismo.

¿Cómo se relaciona esto con Génesis 1:26? Se relaciona con *dumah,* igual valor. Dios nos ha colocado a los seres humanos como de igual o mayor valor que Él mismo, pero más que eso, Él es el modelo ejemplar de *dumah.* Él espera que no hagamos nada que Él mismo no esté dispuesto a hacer; por lo tanto, si Él nos valora de igual o mayor valor que a Él mismo, *dumah,* espera que al menos amemos a nuestro prójimo tanto como a nosotros mismos y, si es posible, aún más.

¿Quién es nuestro prójimo? La palabra en arameo para "prójimo" es *barabibad*, que proviene de la raíz *bar*. Esta también es la palabra para "hijo", pero en esta forma significa un extranjero. Es de donde obtenemos nuestra palabra en español "bárbaro". En cierto sentido, todos somos hermanos y hermanas, ya que descendemos de los mismos padres: Adán y Eva. Con el paso de miles de años, nuestros hermanos y hermanas comenzaron a establecer sus propias generaciones, y no pasó mucho tiempo hasta que nuestra relación unos con otros se volvió más y más distante. Sin embargo, a los ojos y en la mente de Dios, nos guste o no, el líder mundial más despreciable o el criminal más vil es solo un pariente lejano de ti y de mí. No solo estamos relacionados con ellos por nuestros ancestros comunes, Adán y Eva, sino que podemos rastrear incluso más atrás: estamos relacionados por un Creador común: Dios.

En Lucas 10:25-37 Jesús contó la historia de un hombre judío, o al menos eso se da a entender, que fue atacado por bandidos, quienes lo despojaron de su ropa. En esos días, la ropa era muy valiosa, ya que la mayoría de las personas solo tenía un conjunto de prendas. Así que lo dejaron desnudo, golpeado y abandonado al borde del camino. Primero pasó un sacerdote judío, luego un levita, dos hombres considerados los más santos entre los judíos, pero ninguno ayudó al hombre. Finalmente, un samaritano pasa junto al viajero.

Es interesante que Jesús escogiera a un samaritano, porque los judíos odiaban a los samaritanos y viceversa hasta tal grado que los judíos destruyeron el templo de los samaritanos en el monte Gerizim; sin embargo, geográficamente eran vecinos. Incluso el escriba aparentemente vaciló en responder directamente a la pregunta de Jesús cuando le preguntó: "*¿Quién, pues,* *de estos tres te parece que fue el prójimo del que cayó en manos de los ladrones?"* (Lucas 10:36). Se sugiere que el viejo escriba mismo odiaba tanto a los samaritanos que no podía ni siquiera responder directamente: "Los samaritanos". En cambio, solo pudo decir: *"El que se compadeció de él"* (Lucas 10:37 NVI). Sin embargo, a pesar de ese odio, fue el samaritano quien ayudó al hombre judío golpeado y robado.

Conocí a una mujer que estaba en mi autobús de transporte para discapacitados. Había resultado herida en un accidente automovilístico. Un hombre que conducía a gran velocidad bajo los efectos del alcohol chocó directamente contra su vehículo, que estaba detenido en un semáforo en rojo. La colisión destruyó por completo su automóvil, mientras que el otro conductor huyó del lugar. La policía lo alcanzó y lo arrestó, pero sorprendentemente fue liberado de la cárcel al día siguiente. El caso en su contra también fue desestimado. Era un inmigrante indocumentado, aún por deportar, que fue citado por conducir sin licencia, sin seguro, y bajo los efectos del alcohol. La mujer sufrió una lesión permanente que le dejó un dolor constante, el cual, según su médico, tendría que soportar el resto de su vida. La situación se volvió aún más difícil cuando ella y su esposo se vieron obligados a mudarse porque el hombre del accidente llegaba a las afueras de su casa para burlarse de ellos. Descaradamente usaba su estado de indocumentado para burlarse de los procedimientos legales, se reía de su discapacidad, y se jactaba de estar por encima de la justicia. El seguro de la mujer no cubría el tratamiento para su discapacidad ni sus facturas médicas. El accidente y la situación del seguro dejaron a la mujer y su familia con una profunda deuda médica. Aunque la familia reemplazó el automóvil, la mujer fue testigo de cómo el hombre rayaba el nuevo vehículo y se reía en su cara. Llamó a la policía, pero no pudieron ayudarle ni a ella ni a su familia. El hombre continuó riéndose, burlándose y despreciándolos. Se jactaba de tener simpatizantes que lo apoyaban para evitar su deportación y en los procedimientos legales.

¿Qué harías si encontraras a este hombre tirado en la calle sufriendo un ataque al corazón y pidiéndote ayuda? ¿Lo ayudarías sabiendo cuán malvado es y lo que le hizo a la mujer y a su familia? ¿Llamarías a una ambulancia y pagarías por ella? Él es tu *barabibad,* tu vecino extranjero. Estoy seguro de que así se sentía ese escriba. ¿Podrías valorar a esa persona como te valoras a ti mismo?

En mis interacciones con varias personas judías he notado un sentimiento prevalente entre muchos de ellos con respecto al Holocausto durante la Segunda Guerra Mundial. Más de seis millones de judíos fueron asesinados, y hablé con algunos quienes aprendieron algo importante a lo largo de su vida: perdonar y no guardar rencor. Es poco probable que hayan aprendido a amar a los nazis, pero tuvieron que aprender a perdonar y no albergar amargura. Los intentos de estas personas judías de perdonar y no guardar amargura hacia sus enemigos han tenido un profundo efecto en mi actitud hacia aquellos que me han hecho daño.

10

DONDE HAY DOS O TRES REUNIDOS

"Otra vez os digo, que si dos de vosotros se pusieren de acuerdo en la tierra acerca de cualquiera cosa que pidieren, les será hecho por mi Padre que está en los cielos. Porque donde están dos o tres congregados en mi nombre, allí estoy yo en medio de ellos".

—Mateo 18:19-20

"Donde dos o tres están reunidos para estudiar la Torá, la presencia divina está en medio de ellos".

—El Talmud

La interpretación más común de Mateo 18:19-20 es una vaca tan sagrada para los cristianos occidentales, que si alguien se atreve a sugerir que nuestra interpretación podría estar ligeramente en desacuerdo con la interpretación estándar, sería como insinuar que no fue Moisés quien cruzó el Mar Rojo. Sin embargo, cada vez que asisto a una reunión de oración y escucho a alguien decir: "Pongámonos de acuerdo en oración", no puedo evitar detenerme y pensar en lo que está diciendo. ¿Acaso Dios estará más motivado a responder una oración si tres personas oran por un asunto en lugar de que lo haga una sola?

Recuerdo que una personalidad cristiana conocida sufrió un accidente, y personas de todo el mundo oraron por su recuperación. Si yo tuviera el mismo accidente, podría contar con una mano a las personas que orarían por mí. ¿Quién tiene más posibilidades de ser sanado: yo, con mis cinco personas orando, o aquel que tiene miles de personas orando por él? ¿Acaso Dios tiene un ángel contador en el cielo con una calculadora, sumando frenéticamente la cantidad de personas que están orando? Y cuando alcanza cierto número, ¿un mensajero corre hacia Dios diciendo: "Oye, Dios, un millón de oraciones por este hombre. ¡Ha ganado la lotería espiritual! Envía ondas de sanidad"? ¿Y qué sucede si estoy solo y no tengo a nadie que ore conmigo sobre un asunto urgente? ¿Está Dios en el cielo sacudiendo la cabeza y diciendo: "Chaim, Chaim, ¿cuándo vas a aprender que necesitas al menos dos o tres personas que estén de acuerdo contigo en oración para que puedas esperar una respuesta?". ¿No contradice eso lo que nos dice Santiago 5, que la oración de un justo (es decir, uno solo) puede mucho? (ver Santiago 5:16).

En griego, Mateo 18:19 dice literalmente: "De nuevo, amén, les digo que si alguna vez dos de ustedes se ponen de acuerdo en la tierra en cualquier asunto que pidan les sucederá". Aquí está la clave: la idea no es agruparse para lanzarnos al Señor con la esperanza de que ceda y nos dé lo que queremos. Es la idea de que alguien esté de acuerdo contigo en que tu petición está dentro de la voluntad de Dios. Si esa persona no está de acuerdo, entonces se llama a una tercera persona para arbitrar la disputa y llevar a todos a un acuerdo. En Santiago 4:3 aprendemos: "*Pedís, y no recibís, porque pedís mal, para gastar en vuestros deleites*". La palabra "mal" en arameo es *dabishiait,* que tiene la idea de pedir en la carne. Es decir, estás orando por deseos carnales y no celestiales.

La palabra aramea que Jesús usó para "ponerse de acuerdo" es *nashatuon,* que en esta forma gramatical en particular significa ser hallados dignos. Si solo dos o tres están orando fervientemente con un corazón justo, y son hallados dignos, es decir, no están pidiendo para satisfacer sus propios deseos carnales, sino únicamente para cumplir la voluntad de Dios, la petición será concedida. Donde dos o tres son hallados dignos significa que no están pidiendo por vanidad personal, sino por el reino de Dios.

Jesús casi cita el versículo 20 directamente de la tradición oral que más tarde fue registrada en el Talmud. El Talmud enseña: "Donde dos o tres están reunidos para estudiar la Torá, la presencia divina está en medio de ellos". El Talmud advierte que nunca se estudie la Torá a solas. Los judíos antiguos, e incluso los judíos de hoy, nunca estudiarían las Escrituras solos. Algunas personas incluso contratarían a alguien para estudiar la Torá con ellos. Por supuesto, podríamos decir que el pasaje en Mateo habla claramente de nuestras peticiones de oración y no de estudiar la Biblia. Decimos eso porque nuestra mentalidad en la cultura occidental está orientada hacia el "yo". Para muchos, Dios es simplemente una máquina expendedora celestial: insertas algunas oraciones, presionas el botón, y obtienes lo que quieres. La razón por la que el Talmud dice: "Donde dos o tres están reunidos..." y, muy probablemente, por la que Jesús usó esta expresión común de su tiempo, es que cuando dos personas estudian juntas, a veces surge un problema. Los dos pueden no estar de acuerdo sobre cómo interpretar un pasaje. Cuando eso sucede, se trae a una tercera persona, a menudo un rabino, para ayudar a que los dos lleguen a un acuerdo. Esto también ocurre cuando hacemos una petición a Dios. Deberíamos tener un compañero de oración que confirme nuestra petición. Si hay un desacuerdo sobre si la petición es de Dios o de la carne, tal vez necesites traer a una tercera persona para ayudar a que todos lleguen a un acuerdo de que están orando conforme a la voluntad de Dios y no pidiendo por motivos carnales.

Tengo que admitir que he encontrado más consuelo en este pasaje de la Escritura cuando lo veo desde un punto de vista judío que busca la unidad del cuerpo, en lugar de ofrecer una fórmula para sobornar a Dios y obtener una respuesta a nuestras oraciones.

11

EL DIABLO

"Someteos, pues, a Dios; resistid al diablo, y huirá de vosotros".
—Santiago 4:7

Hay pocos cristianos que no conozcan este versículo de memoria; sin embargo, si lo conocen de corazón, eso es debatible. Todas las traducciones modernas presentan el concepto de este versículo como "resistir". ¿Qué significa resistir al diablo? Merriam-Webster define "resistir" como "ejercer fuerza en oposición, esforzarse para contrarrestar o derrotar, y soportar la fuerza o el efecto".[2] Si nos sometemos a Dios, todo lo que tenemos que hacer es oponernos al diablo. Tal vez esto sea más profundo de lo que creemos.

---

2. "Resist". Merriam-Webster.com Dictionary, Merriam-Webster, https://www.merriam-webster.com/dictionary/resist. Consultado en línea 19 de noviembre de 2024.

En griego, la palabra para "someter" es *hypotagete,* que significa ponerse bajo un rango o disposición específica; por lo tanto, solo podemos resistir al diablo cuando nos colocamos bajo el plan de Dios, en el centro de su voluntad. El centro de la voluntad de Dios es el lugar más seguro en el que podemos estar.

En arameo, la palabra usada para "someter" es *'evad.* En este contexto tiene la idea de propiedad y/o esclavitud. Debemos esclavizarnos a la voluntad de Dios. Cuando el enemigo se da cuenta de quién es nuestro dueño, no permanecerá cerca.

Pero creo que hay otra razón por la que no querrá estar cerca de nosotros. Cuando le resistimos, ¿qué estamos haciendo? En griego, la palabra "resistir" es *antistete,* que significa ponerse en contra, soportar, tomar una postura completamente contraria o negarse a ser movido. Eso tiene sentido, pero no siento que eso sea suficiente para hacer que el enemigo se mueva.

Miremos la palabra para "diablo". Santiago usa la palabra aramea *satana,* que podría traducirse como Satanás, pero tiene un sufijo *Aleph* que indica un artículo definido. Es semejante a la palabra *hasatan* en hebreo, como se encuentra en el libro de Job. En hebreo, el artículo definido es un prefijo *Hei,* y al igual que en arameo, esto no convierte la palabra en un nombre propio, por lo que los traductores la traducen simplemente como "el diablo" en el libro de Santiago. La Escritura ni siquiera dignifica a este viejo buitre con un nombre.

La palabra "diablo" en griego es *diabolo.* Significa calumniador o acusador. Ese es exactamente el significado de la palabra aramea *satana.* Entonces, ¿qué estamos resistiendo? Son las acusaciones del enemigo contra nosotros. Es su calumnia, acusándonos de cosas de las que somos culpables y de las que no lo somos. Le encanta calumniarnos y llenarnos de falsa culpabilidad.

¿Alguna vez has clamado a Dios para que te ayude, te proteja, te sane o cualquier otra petición, y luego oyes una pequeña voz en tu cabeza que dice: "¿Quién te crees que eres? ¿Realmente crees que Dios responderá a esa oración o siquiera te escuchará después de lo que hiciste? Sé razonable, no mereces esa respuesta a tu oración"?

Sabes lo que hacemos: no resistimos ese pensamiento. En su lugar, caemos directamente en su pequeño juego y estamos de acuerdo con él. Lo que deberíamos hacer es señalar al diablo y decir: "Tienes razón, no lo merezco, pero también eres un mentiroso. Jesús derramó su sangre, murió en la cruz y resucitó. Todas esas razones por las que Dios no debería responder a mi oración ya no existen. Están lavadas en la sangre del Cordero". Si hacemos eso en el centro de la voluntad de Dios, el acusador huirá de nosotros. La palabra "huir" en griego es *pheuxetai,* que significa escapar o evitar. Pero esa no es toda la historia. ¿Por qué intenta escapar o evitarnos?

En arameo, la palabra usada es *'eraq,* que significa estar en dolor y tormento. Él huirá de nosotros en dolor y tormento. Pero, ¿por qué estará en dolor y tormento simplemente por nosotros resistirlo, *antistete,* enfrentarnos a él?

La palabra aramea usada por Santiago es *qom.* Significa oponerse a algo, como la palabra griega *antistete,* pero su raíz semítica nos dice mucho más. Se usa para cultivar maíz, también conocido como maíz indio. La gente de Egipto y de la zona mesopotámica solía alimentar a su ganado con él. Casi el cincuenta por ciento de las cosechas en el Medio Oriente durante el primer siglo eran de maíz. El clima del Medio Oriente y la abundante luz solar permitían que el maíz prosperara y resistiera las plagas; sin embargo, el maíz no crece tan fuerte y puede morir en áreas sombreadas.

El concepto judío de la palabra *satana* es bastante diferente a mi punto de vista o al de la cristiandad. Dentro del judaísmo, Satanás no es un ser consciente sino una metáfora para describir el *yetzer hara*; es decir, la inclinación al mal en cada individuo que tienta a desobedecer a Dios. El *yetzer hara* se encuentra en Génesis 6:5: "*Y vio Dios que la maldad de los hombres era mucha en la tierra, y que todo designio de los pensamientos del corazón de ellos era de continuo solamente mal*". La palabra "designio" en hebreo es *yetzer* y *hara* proviene de la raíz *ra'a'*, que es la palabra para maldad con un artículo definido *Hei*. Literalmente, es "la maldad de la imaginación". *Yetzer* es una palabra para inclinación conductual. Por lo tanto, el *yetzer hara'* es tu inclinación al mal y es, de alguna manera, lo que en el cristianismo llamaríamos nuestra naturaleza pecaminosa. El único lugar en el Antiguo Testamento donde *hasatan* se ve como un ser consciente es en el libro de Job. Aquí, *hasatan* es retratado como un adversario que cuestiona la piedad de Job. Confronta a Dios y declara que Job solo sirve a Dios porque Dios le paga muy bien. Si le quitas todo, maldecirá a Dios. En otras palabras, la humanidad es básicamente una raza egoísta que solo servirá a Dios por los beneficios y no por amor verdadero. Toda esta escena celestial con *hasatan* desafiando a Dios es considerada una metáfora por los eruditos judíos, y la idea de una criatura real con un reino propio sobre algún dominio metafísico no es realmente aceptada por el judaísmo.

Sin embargo, el papel de *hasatan* en el libro de Job oscurece un poco esta visión de que Satanás no es un ser consciente. De este pasaje, muchos eruditos judíos concluyen que Dios creó un ángel para desempeñar el papel de tentador que intencionalmente anima a las personas a hacer algo prohibido por Dios. Lo colocan en el papel de un mensajero que es subordinado a Dios y, por lo tanto, no es un ángel caído enviado al infierno donde comienza a luchar contra Dios. Fue creado para ser una presencia en la tierra con la misión de provocar a las personas a desobedecer la voluntad de Dios y dar a la criatura humana la oportunidad de ejercer el libre albedrío.

Los judíos tienen un problema con un ser consciente tan poderoso que siente que puede luchar contra Dios. Tal creencia no es compatible con la creencia judía, ya que no existe un poder del mal independiente de Dios; de lo contrario, mostraría una falta de control y poder total de Dios.

> *"...que formo la luz y creo las tinieblas, que hago la paz y creo la adversidad. Yo Jehová soy el que hago todo esto".*
>
> (Isaías 45:7)

Para muchos maestros judíos ortodoxos, *hasatan* es una entidad espiritual completamente fiel a su creador, Dios. El Zohar lo explica con una parábola sobre un rey que contrata a una prostituta para seducir a su hijo y poner a prueba la moralidad y dignidad de su hijo. La prostituta es devota del rey y, al igual que el rey, quiere que el hijo se mantenga firme y rechace sus avances. Así, *hasatan* es solo uno de los muchos mensajeros espirituales o ángeles que Dios envía para cumplir su propósito en la creación del hombre. Esta enseñanza parece estar llena de agujeros. El principal de ellos es: ¿por qué Dios crearía deliberadamente un ser para seducir a una criatura humana a que se aleje de Él? La respuesta se encuentra en algo que los rabinos enseñan y que realmente ilumina mi comprensión de la relación con Dios. El amor encuentra su mayor cumplimiento cuando se da por elección.

Como pastor, oficiaba ceremonias de boda y siempre esperaba con ansias ver la alegría en los rostros de la novia y el novio cuando los declaraba marido y mujer. Por alguna razón, es en ese momento cuando la pareja se da cuenta de que, de todos los posibles compañeros de vida entre los miles de millones de seres humanos en esta tierra que podrían haber sido elegidos, esta única persona los eligió a ellos. En cualquier momento podrían haberse retirado de la ceremonia, pero por un acto de libre albedrío no lo hicieron porque realmente amaban a esta persona a la que dedicarían su vida.

Permítanme explicar esto a través del entendimiento judío de por qué Dios endureció el corazón del faraón. Éxodo 7:3 dice: "*Y yo endureceré el corazón de Faraón, y multiplicaré mis señales y mis maravillas en la tierra de Egipto*". ¿Dónde está allí el libre albedrío? Endurecer el corazón del faraón me sugería que, justamente cuando el Faraón decidía dejar ir al pueblo, Dios intervenía y decía: "No, no lo harás. Voy a hacer que sufras, y no hay nada que puedas hacer al respecto. Voy a imponer mi voluntad sobre ti y hacer que no dejes ir a estas personas. ¿Qué te parece, amigo?".

Descubrí que el enfoque judío sobre esta cuestión es muy diferente al del cristiano. De hecho, va al corazón mismo de nuestro enfoque sobre nuestra propia fe. La conclusión a la que llegan los judíos sobre este asunto va en contra de nuestros esfuerzos evangelísticos cristianos y de nuestra cultura occidental de "yo primero".

Antes de conocer a mi primer rabino, me habían guiado a creer que los judíos no creen en el cielo ni en el infierno. Eso no es cierto; sí creen en una vida después de la muerte. Incluso cuando brindan, a menudo declaran que la vida después de la muerte existe cuando dicen "*l'chaim*", que significa: por la vida. La palabra está en forma plural y sugiere no solo nuestra vida natural sino también nuestra otra vida, es decir, nuestra vida espiritual y eterna.

La razón por la que los cristianos piensan que los judíos no creen en el cielo o el infierno es porque no hablan sobre la vida después de la muerte. Su enfoque está en la vida aquí y ahora. Su misión en la tierra es seguir el mandamiento más grande. Este mandamiento se recita en su Shemá o confesión diaria: "Amarás al Señor tu Dios con todo tu corazón". En el Nuevo Testamento, Jesús incluso confirma esto en Marcos 12:33: "*Y el amarle con todo el corazón, con toda el alma, con toda la mente, y con todas las fuerzas, y amar a su prójimo como a sí mismo, es más que todos los holocaustos y sacrificios*".

Ellos evitan deliberadamente hablar sobre la vida después de la muerte por una razón muy válida. Como un rabino me explicó: hablar sobre la vida después de la muerte, como lo hacen los cristianos, tiende a hacer que nuestro propósito en la vida sea meramente una preparación para la vida después de la muerte. Si se ocupan de la vida después de la muerte, temen que se encuentren sirviendo a Dios y a los demás solo para obtener un lugar en el hogar celestial y no porque realmente amen a Dios o a su prójimo. Creen que buscarán amar a Dios y a su prójimo solo para ganar una recompensa de Dios.

¿Necesita Dios poner una pistola en nuestras cabezas o amenazarnos con tormentos en fuegos eternos para hacer que lo sigamos? ¿Tiene que sobornarnos o tentarnos con regalos de prosperidad, sanidades y una bolsa llena de golosinas para lograr que demos un diezmo o enseñar una clase de escuela dominical?

¿Qué tiene que ver todo esto con el endurecimiento del corazón del faraón? La palabra "endurecer" en hebreo en Éxodo 7:3 es *'aqesheh,* que significa ser duro, severo y/o feroz. También significa ser terco. Este verbo se encuentra en forma Hiphal, lo cual significa que es causativo. Dios causó que se volviera terco, duro, severo o feroz. Dios hizo eso a través de las plagas que Él enviaría.

Dios había demostrado quién y qué era, y ahora era el momento para que el faraón tomara una decisión. ¿Seguiría a Dios o no? Si seguía a Dios, ¿sería porque Dios le puso un arma en la cabeza? En nuestra forma de pensar cristiana occidental, sacudimos la cabeza y decimos: "Ese loco del faraón preferiría morir e ir al infierno antes que someterse a Dios". No creo que el faraón estuviera loco; creo que fue cegado por Dios. Las vendas que Dios puso en los ojos del faraón eran para ocultarle todas las plagas, eliminar el miedo que había en él para que pudiera tomar una decisión racional y coherente, basada en si admitía en su corazón que había un Dios verdadero allá afuera, un Dios más poderoso que él. Tenía que elegir amarlo o rechazarlo, inclinarse ante este Dios Jehová o despreciarlo y continuar siendo su propio dios.

Yo sigo creyendo personalmente que el enemigo es un ser consciente y que existen fuerzas demoníacas que causan estragos en el mundo, pero no tengo problema en incorporar la creencia judía de un *yetzer hara',* una inclinación hacia el mal o, como nosotros los cristianos lo llamaríamos, una naturaleza pecaminosa. Sin embargo, aunque no creo que Dios haya creado un ángel subordinado cuyo propósito específico fuera seducirnos para alejarnos de Él, ese concepto me ha dado una comprensión sobre por qué Dios permite que tengamos una naturaleza pecaminosa. Está ahí para completar el círculo del libre albedrío. Si tal ángel existiera, yo estaría agradecido de que Dios hubiera creado a ese ser, porque me daría la oportunidad de elegir a Dios, de elegir amarlo. El *hasatán,* o la naturaleza pecaminosa, me da el poder de causar una alegría especial al Dios del universo que ninguna otra criatura puede causar. Puedo elegir amar a Dios, y es ese libre albedrío de elegir a Dios sobre los impulsos de mi naturaleza pecaminosa la que le causa la alegría que tanto anhela. Explica por qué creó a esta criatura humana en un principio.

No temo los poderes de un *hasatán* o de sus secuaces, porque tengo libre albedrío para rechazar la seducción del *yetzer hara'*, ya sea un ser consciente o solo una inclinación hacia el mal. Solo sé que tengo una opción, un libre albedrío, y si elijo seguir a Dios haré que ese *yetzer hara'* o *hasatán* huya o se aleje en dolor y tormento. Con esta oportunidad o desafío, solo sirve para darme la alegría de elegir rechazar esa seducción para demostrar mi amor por mi Creador.

Tengo la oportunidad de experimentar una alegría que ni siquiera los ángeles podrían experimentar. Una oportunidad de causar una alegría a Dios que ningún otro ser creado sin libre albedrío puede ofrecer a Dios, y es elegir amarlo.

12

LA NATIVIDAD

"Y dio a luz a su hijo primogénito, y lo envolvió en pañales, y lo acostó en un pesebre, porque no había lugar para ellos en el mesón. Había pastores en la misma región, que velaban y guardaban las vigilias de la noche sobre su rebaño".
—Lucas 2:7-8

"Y tú, oh torre del rebaño, fortaleza de la hija de Sion, hasta ti vendrá el señorío primero, el reino de la hija de Jerusalén".
—Miqueas 4:8

Si hay algo muy irónico en mi estudio del judaísmo a través de los ojos de un maestro cristiano de lenguas bíblicas, es que desarrollé una comprensión y apreciación completamente nuevas de la historia de la Navidad. Es irónico porque los judíos no aceptan a Jesús como el Mesías, y sin embargo, toda la historia de Jesús y su nacimiento no podría ser más judía. Había muchas cosas en la historia de la Navidad que no tenían mucho sentido para mí antes de comenzar a estudiar las obras de los rabinos, aprender sobre la cultura judía, y leer literatura judía. De repente, era como si estuviera armando un rompecabezas con piezas faltantes que encontré enterradas en el Talmud, la Mishná y otros escritos judíos.

Por lo tanto, comencemos con lo que significa "natividad". La palabra en sí no se encuentra en la Biblia. Proviene del verbo latino *nacsi*, que significa nacer, y fue evolucionando hasta llegar a la palabra latina *nativitas*, que significa nacimiento.

Nuestra historia comienza en los Evangelios. Comencemos con Mateo 1:18. Encontramos que María, la madre de Jesús, estaba desposada (comprometida o prometida) con José. Sabemos muy poco sobre José, aparte de que estaba desposado con María. En las películas y los cuadros ficticios lo imaginamos como un joven de la edad de María, probablemente en sus últimos años de adolescencia y, por supuesto, bastante apuesto.

Ese es el primer punto que levanta algunas dudas sobre la precisión de esta imagen. Vemos que José tomó algunas decisiones maduras e independientes que, según la tradición judía, deberían haber involucrado a sus padres. Esto es una clara señal de que José era bastante mayor que María e incluso podría haber sido viudo. Tomar la decisión de repudiar a María rápidamente no habría sido una decisión independiente si este hubiera sido su primer matrimonio. María aún era virgen, por lo que este sería su primer matrimonio, y es probable que tuviera alrededor de catorce años. Normalmente, una joven era considerada en edad de casarse cuando alcanzaba la pubertad. José podría haber tenido unos veinte o incluso treinta años. Diferencias de edad como estas no eran inusuales, incluso hoy así sucede en muchas partes del mundo.

Ahora observemos con atención lo que encontramos en Juan 2:3-4, donde Jesús realizó su primer milagro en una boda al convertir el agua en vino. Esto fue antes de que comenzara su ministerio:

> *Y faltando el vino, la madre de Jesús le dijo: No tienen vino. Jesús le dijo: Mujer, ¿qué tienes conmigo? Aún no ha venido mi hora.*

Parece irrespetuoso que Jesús llame a su madre "mujer"; sin embargo, en arameo, Jesús usó la palabra *'anath*. En esa cultura, al llamar a su madre *'anath* en realidad estaba mostrando una señal de respeto. Esto apoya la teoría de que José había muerto antes de que Jesús comenzara su ministerio. *'Anath* era una palabra utilizada para referirse a una madre soltera que, después de la muerte de su esposo, había criado a sus hijos en medio de dificultades. No tenemos una palabra exacta en español para *'anath*, pero algunas traducciones como la NTV la han traducido como "apreciada mujer". Podemos decir que era una respuesta tierna y respetuosa. Que Jesús usara la palabra *'anath* sugiere que María había enviudado cuando Jesús aún era niño. Se cree que José probablemente tenía el doble de la edad de María cuando se casaron.

Para evitar cualquier escándalo cuando se reveló el embarazo de María, una vez que José recibió la confirmación del ángel, la llevó de inmediato a su casa (ver Mateo 1:19-24). Normalmente, las mujeres judías del primer siglo no anunciaban su embarazo hasta después de cinco meses. Si María siguió esta tradición, esto habría dado a José suficiente tiempo para llevarla a su hogar y vivir con ella. Cuando se hiciera público el embarazo, la gente simplemente supondría que José era el padre. Esto me conduce a creer que José era viudo.

Llevar a María a Belén para el censo indicaría que habían tenido un periodo de desposorio más corto y que José ya estaba establecido como un hombre independiente, otro indicio de que era viudo.

Leemos en Mateo 2:11: "*Y al entrar en la casa, vieron al niño con su madre María*". El versículo no menciona a José. Ahora bien, muchos creen que los sabios llegaron varios meses después del nacimiento de Jesús, ya que el viaje desde el Oriente habría tomado muchos meses. Pero, ¿por qué la estrella que los guio no pudo haber aparecido varios meses antes del nacimiento para que llegaran justo después de que ocurriera? Otro argumento para una llegada tardía es que en Mateo la palabra griega usada para el bebé es *paidion,* que significa un niño pequeño, no un bebé; sin embargo, la palabra utilizada en arameo es *tela',* que puede referirse tanto a un niño pequeño como a un bebé. Curiosamente, *tela'* también se usa para referirse a un corderito, que es, en sentido metafórico, para lo que Jesús nació: para ser un cordero que sería sacrificado.

Entonces, ¿dónde estaba José? Es un poco extraño que hayan encontrado al *tela'* con su madre, pero que no se mencione al padre. Algunos dicen que José ya había muerto, aunque esto no es probable, ya que María dio a luz a varios otros hijos, y aquí Jesús aún es muy joven. De hecho, todavía están en Belén, o al menos eso es lo que enseña la Escritura.

La imagen que tenemos en nuestra mente de la escena de la natividad es la de un pequeño establo con un pesebre de madera lleno de paja y todo tipo de animales de granja rodeando al bebé. También estarían los tres sabios y tal vez tres o cuatro pastores, con María sosteniendo al niño y José de pie junto a ella. Sin embargo, un refugio o establo así no existía realmente en el primer siglo. Podría haber sido una pequeña *sucá,* que era una estructura tipo cabaña temporalmente instalada durante la época de siembra o cosecha. Pero estas eran estructuras temporales y, por lo general, estaban en estado de deterioro para cuando eran abandonadas.

Luego está el pesebre de madera. Es muy poco probable que este pesebre estuviera hecho de madera, ya que a los animales de granja les gusta masticar la madera. Quienquiera que fuera el dueño de este pesebre habría tenido que hacerlo de piedra. Tales pesebres no eran comunes en Israel. El único lugar donde se podía encontrar un pesebre sería en la Torre del Rebaño o *Migdal Eder.*

Al leer el Talmud encontré algo interesante. En *Baba Kamma* 80a y 7a,b aprendemos que los campos de Eder, que están a solo unos pocos pasos del límite de Belén, eran el lugar donde se criaban y cuidaban los corderos para el sacrificio. Los pastores de estos corderos eran pastores de élite de la tribu sacerdotal de Leví, encargados de garantizar que los corderos permanecieran sin mancha ni defecto. Vigilaban a estas ovejas las veinticuatro horas del día. Desde su nacimiento, el cordero era tratado con sumo cuidado, alimentado con una dieta especial y envuelto en lino fino para asegurarse de que permaneciera sin mancha ni defecto.

Aprendemos por la Escritura que María y José se vieron obligados a pasar la noche en un lugar distinto a una posada porque todas estaban llenas; sin embargo, el texto en arameo ni siquiera menciona una posada, sino que dice *dalith hu lahun dukath*: "no había lugar para ellos". Las posadas en aquellos días no eran como las imaginamos hoy. No había posaderos que mantuvieran el orden. Estas posadas se establecieron porque los caminos estaban llenos de bandidos, y era posible despertarse y descubrir que habían robado tus camellos o burros; sin embargo, al quedarse en una de estas posadas había más probabilidades de conservar el ganado, los suministros y la vida misma. Si María y José hubieran hecho lo que enseña la tradición, es decir, dormir en un establo o en una cueva que servía como área de alimentación para el ganado, se habrían expuesto a un gran riesgo por parte de individuos indeseables.

> *Esto os será por señal: Hallaréis al niño envuelto en pañales, acostado en un pesebre.* (Lucas 2:12)

Envolver a un bebé en pañales no era una práctica común entre los judíos. La tela para los pañales era costosa, y no todos podían permitirse tales lujos. Sin embargo, el uso de pañales era una práctica en la Torre del Rebaño (*Migdal Eder*), donde se cuidaba a los corderos recién nacidos que estaban destinados al sacrificio. Los corderos recién nacidos eran colocados en un pesebre que, como mencioné antes, habría sido de piedra. Este pesebre era limpiado cuidadosamente, y el cordero recién nacido era examinado con detenimiento y envuelto en pañales, es decir, en lienzos blancos, que se utilizarían **para protegerlo de cualquier imperfección.** Para ello, utilizaban el mejor lino disponible. Solo los ricos podían permitirse lino fino, pues el lino común era áspero, pero el lino de calidad suficiente para envolver a un bebé era un lujo. Normalmente, este tipo de lino era usado por el sumo sacerdote. Si Jesús nació en la Torre del Rebaño, es razonable pensar que fue envuelto en el mismo lino fino que se usaba para los corderos destinados al sacrificio.

Cuando el ángel dijo que el bebé estaba envuelto en pañales y acostado en un pesebre, estos pastores sabían exactamente a dónde ir, ya que probablemente eran pastores que cuidaban las ovejas destinadas al templo. Ellos irían directamente a *Migdal Eder,* o la Torre del Rebaño.

El Talmud predice que el Mesías nacería en un castillo; sin embargo, esto depende de cómo se traduzca la palabra aramea para "castillo". Se trata de la palabra *migdal,* que también puede significar "torre" o "un lugar de altura o gran honor". Aunque pueda parecer poco probable, era un lugar de gran honor para los corderos, ya que solo los mejores, más puros y sin mancha nacían en este "castillo", el *Migdal Eder* o la Torre del Rebaño. Una búsqueda rápida en el internet de *Migdal Eder* muestra imágenes que se asemejan a un castillo.

"Había pastores en la misma región, que velaban y guardaban las vigilias de la noche sobre su rebaño" (Lucas 2:8). En arameo, la palabra "región" es *'athra,* que significa área, lugar o ubicación. Puede referirse a millas de distancia o simplemente a unos pocos metros.

Hay un debate entre los predicadores sobre por qué los pastores fueron alertados del nacimiento del Mesías. Esa es una buena pregunta, pero la respuesta se encuentra fácilmente en el Talmud. Por un lado, si Jesús realmente nació en el *Migdal Eder,* sería razonable suponer que los pastores que recibieron el anuncio eran pastores sacerdotales. Es más correcto decir que eran pastores levitas. Aunque los levitas eran la tribu sacerdotal, no todos los levitas eran sacerdotes en funciones.

Por lo tanto, los pastores no eran tipos sucios, de bajo nivel o excriminales, como a menudo se representa en muchos sermones, y los ángeles no se les aparecieron para mostrar que Dios se interesaba por los de baja categoría. Estos eran pastores de élite altamente entrenados. Eran los veterinarios de su época, expertos no solo en cómo cuidar las ovejas sino también en cómo asistir en el parto de un cordero recién nacido. Así como un cordero sacrificial recién nacido fue traído a este mundo por estos pastores sacerdotales, también podemos suponer que el cordero sacrificial de Dios fue traído a este mundo por los mismos pastores.

> *Y cuando llegaron a la casa, vieron al niño con María, su madre, y se postraron y lo adoraron; y abriendo sus tesoros, le presentaron regalos: oro, incienso y mirra.* (Mateo 2:11)

Al leer esta historia en la *Peshitta,* la Biblia en arameo, descubrí algo muy interesante acerca de estos regalos. Por un lado, solo había un regalo. La palabra aramea utilizada para regalo es *qorbana*. Esta palabra está en singular y termina con un artículo definido; por lo tanto, se traduciría como "*le presentaron el regalo*". Pero esta palabra, al ser traducida como *regalo,* es muy engañosa. Proviene de la palabra *qorban,* que es la palabra que Jesús usó en Mateo 15:6, donde reprende a los fariseos por llamar *qorban* a su ofrenda. Un *qorban* es literalmente una ofrenda o sacrificio a Dios. Podría ser un sacrificio de animales o una ofrenda de incienso, lo cual probablemente fue el caso aquí. La palabra *qorban* proviene de una raíz semítica que tiene sus orígenes en la palabra acádica *QRB*, que significa acercarse a alguien. Evolucionó hacia el significado de *ofrenda* o *regalo*, ya que la intención de la ofrenda o regalo es acercarse al receptor. Así, el propósito de la *ofrenda de incienso* era acercarse a Dios. El regalo se asemejaba al regalo de Dios al dar a su Hijo unigénito, quien vino a la tierra con el propósito principal de acercar a la humanidad a Dios.

El incienso o la mirra solo se usaban en el lugar santísimo, se mezclaban en un recipiente de oro y se quemaban en una placa de oro. De hecho, el Talmud enseña que el término "incienso y mirra" representaba una combinación de aceites esenciales/inciensos, pero para evitar enumerar todos los aceites, el incienso o aceite recibía el nombre del aceite principal que se usaba. El incienso era el aceite principal, al que se le añadían estacte, oniqua y galbano. La mirra era el aceite principal con la adición de corteza aromática, casia y canela (Talmud, Kritut 6A). Éxodo 30:33-37 advierte que estos compuestos no deben ser usados fuera del lugar santísimo y no son para nadie más que para Dios, para no ser cortados del pueblo.

Pero observemos que no estaban en el lugar santísimo cuando ofrecieron este *qorban*, lo que sería una violación directa de Éxodo 30. ¿O lo era? ¿No era el lugar santísimo el lugar donde descansaba la presencia de Dios? Así que, allí, en ese pequeño pesebre y no en el lugar santísimo, estos sabios combinaron los aceites y el incienso sagrados en vasijas de oro ante el niño Jesús, la misma presencia de Dios. Luego quemaron los aceites y el incienso en platos de oro y adoraron a Dios tal como lo hacía el sumo sacerdote en el lugar santísimo.

Ah, ¿y el tercer elemento de la adoración, el oro? Todo en el lugar santísimo debía ser hecho de oro puro. El hombre antiguo descubrió que el oro tenía una propiedad que ningún otro metal tenía. Todos los demás metales al sostenerlos en la mano se calientan, excepto el oro. El oro se mantiene fresco, pasivo y distante, como los dioses; por lo tanto, se creía que el oro era la piel de los dioses. Todos los ídolos eran hechos de oro, la piel de los dioses, y adoraban el oro o la piel de los dioses. Pero los hebreos usaron este oro para servir al verdadero Dios Jehová mezclando sus aceites e incienso, usándolo como base para quemar el incienso del Dios verdadero.

María y José no tomaron los aceites ni el oro y lo vendieron para financiar su viaje a Egipto, ya que ese no fue el regalo que los magos le hicieron a Jesús. *El Regalo de los Magos* fue un viaje peligroso emprendido con un solo propósito que se encuentra en Mateo 2:2: "***hemos... venido a adorarlo***". El Regalo de los Magos es el único regalo que es aceptable para Dios, el único regalo, además de nuestras propias vidas, que realmente podemos darle a Dios en esta Navidad, y es ***adorarlo***.

> *Conságrame todo primogénito. Cualquiera que abre matriz entre los hijos de Israel, así de los hombres como de los animales, mío es.* (Éxodo 13:2)

> *Y cuando se cumplieron los días de la purificación de ellos, conforme a la ley de Moisés, le trajeron a Jerusalén, para presentarle al Señor; (como está escrito en la ley del Señor: Todo varón que abriere la matriz será llamado santo al Señor); y para ofrecer conforme a lo que se dice en la ley del Señor, un par de tórtolas, o dos palominos.*
>
> (Lucas 2:22-24)

La historia de Ana y Simeón es una adición muy importante a la historia de la Navidad, ya que explica algo sobre lo que muchos se han preguntado. Si Jesús era de la tribu de Judá, ¿cómo podría ser sacerdote o sumo sacerdote? He escuchado muchas veces esta historia de cómo Simeón bendijo a Jesús, pero nadie se molesta en explicar la tradición judía que está detrás de este interludio en la historia de la Navidad, antes de que María y José huyeran a Egipto. De hecho, dejan de lado este punto tan importante en la historia de la Navidad con tanta frecuencia, que nunca escuché que se explicara con respecto a la consagración de Jesús como sacerdote.

Después de que terminaron los días de la purificación, María y José llevaron al bebé a Jerusalén para presentar a Jesús al Señor. Este rito que tuvo lugar en el templo de Jerusalén se llama *Pidyon Haben* o la redención del hijo. Era una ceremonia en la que el padre del primogénito varón redime a su hijo del sacerdocio entregando cinco monedas de plata a un sacerdote que sea descendiente directo de Aarón, treinta días después del nacimiento del bebé. Esto pasaba ceremonialmente los deberes del primogénito como sacerdote a un sacerdote levita. Esta ley fue promulgada antes del establecimiento de las líneas sacerdotales. Hasta ese momento, el primogénito asumía el rol de sacerdote. Una vez que se estableció la línea aarónica, este ritual de *pidyan haben* se realizaba ante un sacerdote levita, quien simbólicamente asumía los deberes del niño como sacerdote, y las cinco piezas de plata lo redimían de su obligación. Este rito sirve como recordatorio de que Dios es el dueño de todas las cosas, incluyendo lo mejor y lo primero que tenemos.

Según Éxodo, el primogénito pertenece a Dios y el padre debe redimirlo con cinco piezas de plata; sin embargo, la

Escritura dice que María y José ofrecieron dos tórtolas o dos palomas, la ofrenda de una persona pobre. Pero, un momento... ¿por qué solo un sacrificio?

Así es como Jesús, que no era miembro de la línea sacerdotal, podría ser un sacerdote. María y José no iban a redimirlo con cinco piezas de plata; iban a consagrarlo con el sacrificio de las tórtolas y las palomas. Gracias a María, José, y un sacerdote piadoso llamado Simeón, Jesús no fue redimido de las obligaciones de un sacerdote, sino que fue consagrado para convertirse en nuestro sacerdote, y no solo un sacerdote sino nuestro Sumo Sacerdote.

Por lo tanto, vemos en la historia de la Navidad que el Mesías no solo nació en un castillo, sino que también nació para ser un cordero sacrificial que moriría por nuestros pecados, y también se convertiría en nuestro Sumo Sacerdote.

13

EL PRINCIPADO SOBRE SU HOMBRO

"Porque un niño nos es nacido, hijo nos es dado, y el principado sobre su hombro; y se llamará su nombre Admirable, Consejero, Dios Fuerte, Padre Eterno, Príncipe de Paz".
—Isaías 9:6

Con la llegada de los grupos de alabanza, los coros de las iglesias están comenzando a convertirse en una especie en peligro de extinción, y también se va la tradición de las cantatas de Navidad y de Pascua. No tengo recuerdos agradables de las cantatas que me obligaban a presenciar cuando era niño; sin embargo, hay algo que simplemente no puedo sacar de mi cabeza. Es una versión musical de Isaías 9:6 y la frase: *"El principado sobre su hombro"*.

No solo bastaba con repetirlo varias veces, sino que luego comenzaban a hacerlo en una voz vacilante, como si fuera una ópera o un musical malo de película. Ya saben, la rutina en la que el coro enfatiza cada sílaba: "y el prin-ci-pa-do-so-bre-su-hombro", y así sucesivamente. No solo el coro entero lo interpretaba junto, sino que cada grupo vocal cantaba sus respectivas partes: tenores, bajos, altos y sopranos. Finalmente, terminaban con la esposa del pastor cantando como solista en su voz de falsete, haciendo que uno se preguntara cuántos tanques de helio fueron necesarios para que ella pudiera terminar esa canción.

Cada vez que escucho Isaías 9:6 no puedo evitar pensar: "¿Qué diantre significa eso de todos modos?". He escuchado innumerables sermones donde los predicadores dijeron que significaba que los gobiernos harían las cosas difíciles para Jesús. Estaba satisfecho con esa explicación, pero algo tan negativo simplemente no encajaba con el tono positivo de ese versículo. Este versículo comienza con algo maravilloso: "*un niño nos es nacido, hijo nos es dado*". Luego nos enteramos de que su nombre será llamado Admirable, Consejero, Dios Fuerte, Padre Eterno, Príncipe de Paz; y en medio de estas maravillosas declaraciones está esa idea negativa de que Él llevará el peso del gobierno sobre sus hombros. Nunca estuve realmente satisfecho con esa explicación, ni tampoco con la más común que dice que los gobiernos de este mundo se opondrían a Jesús y harían su vida desgraciada.

Sin embargo, un día un rabino me lo explicó. No solo fue la primera vez que escuché una explicación que tenía sentido para mí, sino que anhelaba escuchar a la esposa del pastor cantar con su falsete todas esas palabras.

Explicó que las traducciones cristianas de la Biblia judía tienden a hacer muchas interpretaciones editoriales. Este es el caso aquí con la palabra hebrea *serah*, que se traduce como "principado". En su raíz semítica, *serah* tiene la idea de proteger a alguien o pelear por alguien. Verifiqué esto a través de mis recursos personales y vi que *serah* no es realmente una palabra para principado. En cambio, está de algún modo conectada, ya que el propósito principal de un principado es proteger y luchar por sus ciudadanos.

La frase *thei hamaserahal shikemu,* que traducimos como *"el principado sobre su hombro"*, es una expresión idiomática que se usaba en el Cercano Oriente en el clímax de una ceremonia de matrimonio. Incluso hoy en día se practica en algunas culturas semíticas; sin embargo, es una práctica común en una boda judía que es familiar para la mayoría de nosotros. En una ceremonia de boda judía, el novio realmente coloca el velo sobre el rostro de su novia para significar que, aunque su novia sea hermosa, él la ama y se casa con ella por su belleza interior. A medida que envejezcan juntos y su belleza exterior se desvanezca, él la seguirá amando por su belleza interior. Quitar el velo es el momento más dramático y romántico de la boda. La novia caminará alrededor de su novio tres veces declarando que le enseñará tres cosas sobre Dios, como se encuentra en Oseas 2:21-22. Se cree que el novio está más cerca de Dios durante este tiempo, ya que el papel de su futura esposa será servir como un puente hacia Dios. De hecho, las personas a menudo le dan una petición de oración al novio en este momento para que la ofrezca a Dios.

Un niño varón recibe instrucciones sobre la Torá (las leyes de Dios) de sus padres mientras está en la niñez. Cuando se convierte en adulto y ha dominado las leyes de Dios, está listo para dejar las enseñanzas de sus padres y casarse con una mujer que reemplazará el papel de sus padres como maestros y tomará el rol de enseñarle en su relación amorosa con Dios. Ella le enseñará sobre el amor y la misericordia de Dios amándolo y siendo misericordiosa con él. Le enseñará sobre la justicia y la rectitud de Dios siendo justa y recta ante él. Finalmente, le enseñará sobre la fidelidad de Dios siendo fiel a él.

Ella da vueltas alrededor de su novio, ya que el círculo es la imagen de la eternidad y, por lo tanto, ella declara que estará desposada con él para siempre, demostrando lo que Dios nos prometió en Oseas 2:19-20: "*Y te desposaré conmigo para siempre; sí, te desposaré conmigo en justicia, en juicio, en misericordia y en compasiones. Te desposaré conmigo en fidelidad, y conocerás al Señor*". Entonces, el novio quitará el velo del rostro de la novia y lo echará sobre su hombro. En este gesto, el novio hace una declaración pública de que el principado de su novia estará sobre su hombro. En otras palabras, será un honor y un privilegio para él ser ahora su protector y proveedor. Él protegerá su corazón y proveerá todo el amor y afecto que Dios la hizo capaz de desear, así como Dios ha puesto dentro de nosotros la necesidad de amor y afecto de Él, lo cual Él ha prometido proveer. También es una demostración del hecho de que debemos ser los protectores y proveedores de Dios. Es decir, proteger su corazón y proveerle todo el amor y afecto que Él anhela de nosotros.

Creo que eso es lo que Isaías 9:6 nos está transmitiendo, no que el Mesías tendrá dificultades con los gobiernos de la tierra. Más bien, Él echará el velo de su novia sobre su hombro, lo que significa que Él será el protector y proveedor de su novia, que somos cada uno de nosotros y su iglesia. Al morir en la cruz y resucitar de entre los muertos, Él derrotó el pecado que nos impide consumar nuestro matrimonio con Él, y Él quitará ese velo de nuestro rostro y lo echará sobre su hombro, queriendo decir que Él protegerá nuestros corazones y nos amará por toda la eternidad.

Tal vez el buen rabino me ha dado una apreciación por la cantata navideña después de todo, ya que ahora podría sentarme y escuchar a un coro cantar de manera entrecortada la rutina de *y el prin-ci-pa-do-so-bre…* Porque, cada vez que escucho esas palabras, pienso en todas las veces en mi vida cuando Jesús fue mi protector y proveedor, un rol que Él asumió voluntariamente por su amor hacia mí.

14

LA TRANSFIGURACIÓN: *TZIM TZUM*

"De cierto os digo que hay algunos de los que están aquí, que no gustarán la muerte, hasta que hayan visto al Hijo del Hombre viniendo en su reino".
—Mateo 16:28

"Seis días después, Jesús tomó a Pedro, a Jacobo y a Juan su hermano, y los llevó aparte a un monte alto; y se transfiguró delante de ellos, y resplandeció su rostro como el sol, y sus vestidos se hicieron blancos como la luz. Y he aquí les aparecieron Moisés y Elías, hablando con él".
—Mateo 17:1-3

La transfiguración siempre ha sido un misterio para mí. Nunca pude entender completamente el propósito de ese evento hasta que, un día, leyendo literatura judía, me encontré con algo llamado *tzim tzum*. *Tzim tzum* literalmente significa "reducción" y es una paradoja de presencia en ausencia. Para comprender realmente *tzim tzum,* debemos ir al Antiguo Testamento y a la historia del arca del pacto.

Recuerdo hace años atrás, cuando trabajaba para el ministerio del Dr. Lester Sumrall, que alguien le preguntó sobre la ubicación del arca del pacto. En lugar de referirse a las muchas especulaciones de diferentes predicadores y maestros sobre su paradero actual, simplemente acudió a la Escritura. Citó Apocalipsis 11:19: *"Y el templo de Dios fue abierto en el cielo, y el arca de su pacto se veía en el templo de él".* Esto es otra forma de decir que el arca del pacto está en el cielo.

En aquel momento pensé que el Dr. Sumrall estaba siendo demasiado simplista, pero ahora, después de muchos años estudiando obras judías, me inclino a aceptar su enseñanza. La enseñanza ortodoxa judía nos dice que el arca del pacto es un "pacto fantasma". Según el Talmud (Yoma 21a, Meguilá 10b y Bava Batra 99a), el arca no ocupaba espacio. El lugar santísimo, donde residía el arca, tenía una anchura de diez codos, y el arca estaba en el centro. Su longitud era de 2,5 codos. Sin embargo, cuando se medía desde los lados del arca hasta la pared, la distancia era de cinco codos a cada lado. Cinco codos a cada lado suman diez codos. ¿Cómo se pueden acomodar los 2,5 codos del arca en el medio de esa medida? El arca ocupaba espacio y, al mismo tiempo, no lo ocupaba.

Cuando la presencia de Dios reposaba sobre el arca, estaba tanto en el cielo como en la tierra al mismo tiempo. A eso se le llama *tzim tzum.* Está presente, pero no presente al mismo tiempo. Es decir, el arca, cuando llevaba la presencia de Dios, nunca estuvo realmente en este ámbito físico y, sin embargo, sí estaba en el ámbito físico. Si puedes explicar eso, puedes explicar la Trinidad. Dios te bendiga.

Con la física cuántica estamos más cerca de entender el *tzim tzum* cuando consideramos las teorías de universos alternativos o múltiples. La teoría plantea que existen otros universos o dimensiones que coexisten junto al nuestro. A estos también se les conoce como universos paralelos. Existen relatos no comprobados de personas que afirman haberse colado en estos universos alternativos y despertado a la mañana siguiente descubriendo que todo era normal, excepto por ciertos cambios. En estos mundos alternativos se encuentra con personas que en realidad son él mismo, pero en distintos roles. En un momento, incluso conoce a su yo del futuro, quien le advierte que está a punto de vivir grandes aventuras. Eso sería un ejemplo de *tzim tzum*.

Existen numerosas explicaciones sobre los terceros cielos que visitó el apóstol Pablo, como mencioné en un capítulo anterior. Me gustaría considerar el *tzim tzum* como una explicación plausible.

Este sería el ámbito celestial donde existe el tercer templo. Rashi, el comentarista judío del siglo XI y maestro del hebreo, afirma en el Talmud, en Sukkah 41a, que el tercer templo ya ha sido construido y reside en los terceros cielos. Algunos individuos asociados con el Instituto del Templo en Israel, una organización que se prepara para la reconstrucción del tercer templo, disputan la interpretación de Rashi sobre Éxodo 15:17-18. Estos versículos supuestamente enseñan que Dios mismo construirá el tercer templo, el cual será un templo permanente. Rashi enseña que será el Mesías, bajo la dirección de Dios, quien edificará el tercer templo. Pero, por supuesto, como cristianos creemos que Jesús es el Mesías y es Dios encarnado, por lo que es Dios mismo quien ha construido el tercer templo. En otras palabras, este grupo particular de judíos cree que el templo no debe ser construido por manos humanas.

El apóstol Pablo afirma haber visitado el tercer cielo y el paraíso en 2 Corintios 12:2-4. Luego tenemos el relato de Apocalipsis 11:19, que nos dice que el templo está en el cielo y que el arca del pacto está en ese templo. ¿Podría ser que este tercer cielo esté en un universo alternativo donde mora el arca del pacto y donde la presencia de Dios se cruza con nuestro ámbito natural en Apocalipsis 11:19 en una especie de *tzim tzum*? Para ser justos y presentar todas las posturas, los dispensacionalistas creen que esto es solo una visión. Pero, ¿quién puede decir que una visión no podría ser un vistazo o un portal hacia otro universo, al cual Pablo llama el tercer cielo?

Pablo estaba profundamente inmerso en las tradiciones y enseñanzas judías. El templo tenía un gran valor sentimental para él, por lo tanto, el hecho de que Dios lo llevara a la dimensión o universo alternativo donde el tercer templo existía y había sido edificado por el Mesías Jesús habría sido un gran consuelo para él.

Según el punto de vista dispensacionalista popular, la aparición del anticristo y los eventos descritos en el libro de Apocalipsis, tal como los presentan Hal Lindsey, la serie "Dejados Atrás", C. I. Scofield y otros maestros premilenialistas, son considerados eventos futuros; por lo tanto, se cree que en el futuro debe construirse un templo en Israel. Después de todo, si el anticristo va a aparecer en el futuro, necesita un templo en el cual sentarse. Pero ¿cómo puede el tercer templo estar en la tierra y en el cielo al mismo tiempo?

No es que yo sea dispensacionalista ni premilenialista, pero puedo ver posibles explicaciones. Primero, podría ser *tzim tzum*. Segundo, según 2 Tesalonicenses, el anticristo se hará pasar por Dios sentándose en el templo. Eso significaría que el anticristo entraría en el lugar santísimo y se sentaría sobre el arca del pacto, lo cual no es muy probable. Tercero, se construirá un templo, pero no será el tercer templo. El arca del pacto será descubierta o refabricada. Si es descubierta, es probable que sea una réplica del arca real, posiblemente encontrada en alguna excavación arqueológica y declarada como auténtica por supuestos expertos. O bien podría ser refabricada como un propiciatorio para el anticristo. Esto requeriría un engaño de la magnitud de las teorías conspirativas que intentan demostrar que el alunizaje fue falso, pero supongo que es posible, especialmente considerando que se cree que el anticristo tendrá poderes sobrenaturales.

Tal vez esto explique por qué Pablo se refiere a su visita como un viaje al tercer cielo en lugar del tercer templo, porque el templo final y permanente no será el tercer templo sino un cuarto, ya que habrá otro templo falso, un tercer templo que será destruido como los otros dos. El templo final será enorme. El segundo templo solo medía quinientos por quinientos codos. El tercer templo medirá tres mil por tres mil codos, lo que equivale a aproximadamente 207 hectáreas. Esto es más o menos el tamaño de la antigua Jerusalén, una ciudad construida en forma de cuadrado. Tal vez eso sea a lo que Juan se refiere como "*la santa ciudad, la nueva Jerusalén*".

> *Vi un cielo nuevo y una tierra nueva; porque el primer cielo y la primera tierra pasaron, y el mar ya no existía más. Y yo Juan vi la santa ciudad, la nueva Jerusalén, descender*

del cielo, de Dios, dispuesta como una esposa ataviada para su marido. (Apocalipsis 21:1-2)

De alguna manera, veo que el concepto de la escatología judía se entrelaza con la escatología cristiana. El cristianismo dispensacionalista enseña que Jesús regresará a la tierra con un cielo nuevo y una tierra nueva. La enseñanza judía muestra que el Mesías vendrá a la tierra con la nueva Jerusalén o el nuevo templo (el tercer templo).

Entonces, ¿dónde está el arca del pacto? Está en el cielo, pero también podría estar aquí en la tierra en un *tzim tzum*. Lo que no creo es que haya sido destruida y perdida para siempre. Volverá a aparecer, ya sea allá, aquí, o en todas partes. En otras palabras, el arca del pacto está hecha de madera y metal y pasará cuando este mundo natural pase. Pero el Espíritu que hizo el arca será eterno, y ese mismo Espíritu mora en nosotros y está presente dondequiera que el Espíritu de Dios esté presente, lo cual es en todas partes.

Creo en la Trinidad. No puedo explicarla, pero sigo sosteniéndola como verdad. Y así como no llamamos a la Trinidad una contradicción sino una paradoja, *tzim tzum* tampoco es una contradicción sino una paradoja. Una paradoja se define como "una declaración que aparentemente es contradictoria o contraria al sentido común y, sin embargo, tal vez sea verdadera; una declaración autocontradictoria que al principio parece verdadera; o un argumento que aparentemente arroja conclusiones autocontradictorias mediante una deducción válida a partir de premisas aceptables".[3] Si decimos que la Trinidad es tres dioses

3. "Paradox", *Merriam-Webster.com Dictionary*, Merriam-Webster, https://www.merriam-webster.com/dictionary/paradox. Consultado en línea 25 de noviembre de 2024.

en un solo Dios, eso es una contradicción; sin embargo, si decimos que la Trinidad es tres personas en un solo Dios, eso no es una contradicción sino una paradoja.

Aquí es donde comienzo a entender lo que estaba ocurriendo durante la transfiguración. Decir que la transfiguración tuvo lugar en el cielo y en la tierra al mismo tiempo es una contradicción. Decir que Moisés y Elías, quienes estaban en el cielo, existieron con Pedro, Jacobo y Juan en una especie de burbuja divina creada por Jesús, uniendo los reinos físico y espiritual, es una paradoja.

¿Cuál fue el propósito de la transfiguración? ¿Por qué fue necesario que Pedro, Jacobo y Juan vieran a Jesús conversando con Moisés y Elías? En el Likkutei Sichot Volumen XI, páginas 8-13, que son una colección de escritos de fuentes rabínicas, aprendemos que hay una "interconexión entre Moisés y el Mesías: el Mesías será traído por los poderes transmitidos a través del primero. Y de ahí también su diferencia: el exilio y la liberación de Egipto fueron para la entrega de la Torá (Éxodo 3:13) y esto fue para dar a Israel el poder de purificarse a sí mismo y al mundo. La tarea del Mesías es completar este proceso e innovar el servicio subsiguiente, cuando la pureza del mundo esté completa".[4]

En el Tanya (otra obra rabínica) Parte IV, 4, aprendemos: "Así como la Torá (a través de la mano de Moisés) le da al mundo el poder de traer al Mesías, también le da a cada individuo el poder de refinar su propia vida y su entorno, y así apresurar la Era Mesiánica".[5]

4. Rabí Menachem Mendel Schneerson, *Likkutei Sichos*, Volumen XI. (Kehot Publication Society, 1999), pp. 8-13.
5. Rabí Schneur Zalman, *Likkutei Amarim – Tanya*, (Kehot Publication Society, 2009), Parte IV.

Aprendemos además en Génesis 49:10: "*No se apartará de Judá el cetro, ni el legislador de entre sus pies, hasta que venga Shiloh; y a él se congregarán los pueblos*". Según el Tanya Parte 1 al comienzo del capítulo 43: "Esto se toma como una referencia al Mesías, porque las palabras *yavo Shiloh* y *Mashiach* (venga Shiloh y Mesías) son numéricamente equivalentes. La misma equivalencia también se aplica a las palabras Shiloh y Moisés, **de modo que la venida del Mesías está relacionada con Moisés.** Además, *yavo* (venga) tiene el mismo valor numérico que *echad* (uno). Así, podemos establecer la equivalencia: Mesías = Moisés + Uno, y su significado es que el Mesías será traído por un servicio que tiene el atributo de la Unidad; y el poder para lograr esto se transmite a través de Moisés".[6]

He descubierto que a lo largo de las enseñanzas y la literatura judía, "la venida del Mesías está relacionada con Moisés". También se enseña que Elías anunciará la venida del Mesías. Nosotros creemos que esto se refiere a Juan el Bautista, quien estoy de acuerdo en que es un precursor del Mesías, pero los judíos creen que Elías no solo anunciará al Mesías, sino que también denunciará a los falsos Mesías.

En Apocalipsis 11:3 aprendemos sobre dos testigos: "*Y daré a mis dos testigos que profeticen por mil doscientos sesenta días, vestidos de cilicio*". Estos testigos no se identifican, pero algunos dicen que son Enoc y Elías, otros dicen que son solo dos testigos de ese periodo de tiempo. Yo sugeriría que estos dos testigos son realmente Moisés y Elías que vienen a la tierra. Mi teoría personal es que habitan en un *tzim tzum*, en un cuerpo celestial no corruptible, como el cuerpo en el que aparecieron con Jesús en el Monte de la Transfiguración; sin embargo, vienen a la tierra

6. Zalman, *Likkutei Amarim – Tanya*, Parte I, Capítulo 43.

en un cuerpo similar al de Jesús después de que resucitó de los muertos. Mientras permanezcan en ese *tzim tzum,* nadie podrá hacerles daño. Pero luego Dios les permite salir del *tzim tzum* y sus cuerpos mueren solo para ser resucitados.

En teología, hablamos de la paradoja de la encarnación de Jesús. ¿Cómo es posible ser tanto Dios como hombre al mismo tiempo? Esto tampoco es una contradicción sino una paradoja, una de las grandes paradojas del cristianismo.

Dios dijo: *"Mira, yo he puesto delante de ti hoy la vida y el bien, la muerte y el mal"* (Deuteronomio 30:15). Los maestros judíos señalarán este versículo para demostrar el *tzim tzum.* Dios tuvo que apartarse para crear el mundo físico, pero si Él no estuviera en él, no sería bueno ni estaría en armonía con Él, sino que sería completamente malo.

Ahora tenemos la capacidad de distinguir entre lo bueno y lo malo, pero muchos los confunden. Las personas a menudo llaman a las cosas buenas malas y a las cosas malas buenas. Así que volvemos a lo que era antes del diluvio, con la humanidad eligiendo el mal, aunque Dios nos ha dado la capacidad de elegir lo que es bueno o está en armonía con Él.

> *Mas como en los días de Noé, así será la venida del Hijo del Hombre.* (Mateo 24:37)

Pedro, Jacobo y Juan, en el monte, junto al Jesús resucitado, fueron atrapados en esta burbuja de *tzim tzum.* Además, en esa burbuja de *tzim tzum* estaban los dos individuos que los judíos creían que anunciarían y confirmarían la identidad del Mesías: Moisés y Elías. Pedro, Jacobo y Juan, tres individuos judíos que llevarían al mundo el mensaje de Jesucristo como el verdadero

Mesías, fueron testigos del testimonio de estos dos individuos que debían confirmar la identidad del Mesías.

15

ACORTAR EL CAMINO: *KEFITZAT HADERECH*

"Cuando subieron del agua, el Espíritu del Señor arrebató a Felipe; y el eunuco no le vio más, y siguió gozoso su camino".
—Hechos 8:39

"Yo estaba en el Espíritu en el día del Señor, y oí detrás de mí una gran voz como de trompeta".
—Apocalipsis 1:10

"Y conozco al tal hombre (si en el cuerpo, o fuera del cuerpo, no lo sé; Dios lo sabe), que fue arrebatado al paraíso, donde oyó palabras inefables que no le es dado al hombre expresar".
—2 Corintios 12:3-4

"Y si aquellos días no fuesen acortados, nadie sería salvo; mas por causa de los escogidos, aquellos días serán acortados".
—Mateo 24:22

"Llegué, pues, hoy a la fuente".
—Génesis 24:42

"Y aquella figura extendió la mano, y me tomó por las guedejas de mi cabeza; y el Espíritu me alzó entre el cielo y la tierra, y me llevó en visiones de Dios a Jerusalén, a la entrada de la puerta de adentro que mira hacia el norte, donde estaba la habitación de la imagen del celo, la que provoca a celos".
—Ezequiel 8:3

Los judíos ortodoxos tienen una enseñanza conocida como *kefitzat haderech,* que se traduce como "acortar el camino". Estas palabras en sí no aparecen en la Biblia, pero hay sabios y rabinos antiguos que creen que sí se menciona en la Escritura. Génesis 24:42 dice: "*Y llegué **hoy** a la fuente, y dije: Jehová, Dios de mi señor Abraham, si tú prosperas ahora mi camino por el cual ando*". Rashi enseña que la expresión "*llegué hoy*" indica que "hoy comencé mi viaje y hoy he llegado aquí. De esto podemos deducir que la tierra (el camino) se encogió para él (es decir, que el viaje se acortó de manera milagrosa)".[7] Muchos sabios y maestros judíos señalan el contexto gramatical de Génesis 24:42 para demostrar que este siervo completó su viaje de seiscientos cincuenta kilómetros en un solo día, algo imposible a menos que hubiera recibido el don de *kefitzat haderech.*

De hecho, Enoc, Elías, Samuel, Ezequiel, Felipe y Jesús demostraron *kefitzat haderech,* como se indica en los versículos mencionados. Todos fueron arrebatados y transportados a través del tiempo y el espacio. En Mateo 24:22 parece describirse

7. "Rashi on Genesis 24:42", Sefaria, consultado en línea 2 de diciembre de 2024, https://www.sefaria.org/Rashi_on_Genesis.24.42.1?lang=bi.

también una manifestación de *kefitzat haderech,* pero de una manera diferente. Jesús da a entender la posibilidad de que los días se acorten por causa de los elegidos. ¿Podría ser que Jesús estuviera hablando de *kefitzat haderech* como un don disponible para los santos que vivirán en los últimos días, como un medio de protección y evangelización?

Lo que más me fascina de esto es que el concepto de *kefitzat haderech* trasciende el tiempo. Dios no vive en el tiempo; Dios creó el tiempo. Un día, el tiempo para nosotros llegará a su fin. En nuestro estado humano no podemos comprender la idea de no tener principio ni fin, pero la misma existencia del universo prueba esta realidad.

Dios vive en un estado constante de *kefitzat haderech.* Es a través de *kefitzat haderech* como puede ser omnipresente y pasar cada momento, las veinticuatro horas del día, contigo personalmente.

Se nos dice que, sin saberlo, podemos estar hospedando ángeles (ver Hebreos 13:2). ¿Es posible que no todos sean seres sobrenaturales? ¿Podrían ser creyentes de carne y hueso que se mueven a través del tiempo y el espacio en un instante, envueltos en una burbuja de *tzim tzum* que contiene tanto el reino natural como el sobrenatural? Así, servirían como "mensajeros" de Dios, estando en el lugar y momento indicados para ayudarnos. Al igual que el rabino justo en la historia de Shmuel Yosef Aganon, si usan el don para beneficio propio o por orgullo, lo perderían. Por eso, nunca podrían revelar su don de *kefitzat haderech,* y nosotros nunca sabríamos que lo tenían.

No estoy afirmando haber experimentado *kefitzat haderech,* pero hace muchos años atrás, cuando trabajaba en mi disertación doctoral, tenía un empleo de media jornada en una sala de correo. Estaba pensando en José y en cómo almacenó grano durante siete años. Me preguntaba cómo serían esos almacenes. De repente, sentí como si estuviera en un desierto; podía sentir el calor y percibir los olores. Vi una multitud de personas y noté que se acercaba un carruaje rodeado de guardias. Entonces miré a mi alrededor y vi todos esos montículos. De pronto, estaba de regreso en la sala de correo. Debido a mis estudios, estaba privado de sueño y muy absorto en mi investigación. Me di cuenta de que finalmente había llegado a mi límite y que necesitaba dormir.

Lo que hasta el día de hoy me intriga es que mi compañero de trabajo, que estaba en el cubículo de al lado, me dijo: "Avísame la próxima vez que salgas al baño". Yo le respondí que no había salido de mi puesto, pero él insistió en que me había ausentado al menos por tres minutos. Aun así, pensé que estaba tan inmerso en mis pensamientos que quizá, en un estado de ensoñación, fui al baño y lo percibí como un viaje al Medio Oriente. Estoy seguro de que hay muchas explicaciones naturales, entre ellas, el hecho de ser un estudiante de posgrado agotado y estresado por su disertación. Pero la semana siguiente, mientras investigaba, encontré un libro antiguo de un arqueólogo que había dibujado imágenes de los almacenes en Egipto en la época de José. Se veían exactamente como los que vi en mi estado de semitrance. Repito que quizá vi esas imágenes años atrás y estaban en mi subconsciente. O tal vez experimenté *kefitzat haderech*. Nunca lo sabré en este mundo natural, pero algún día lo descubriré.

16

LA SHEKINÁ

"Y harán un santuario para mí, y habitaré en medio de ellos".
—Éxodo 25:8

"Y he aquí que Booz vino de Belén, y dijo a los segadores:
Jehová sea con vosotros. Y ellos respondieron:
Jehová te bendiga".
—Rut 2:4

"Y no podía Moisés entrar en el tabernáculo de reunión,
porque la nube estaba sobre él, y la gloria de Jehová lo llenaba".
—Éxodo 40:35

Moisés no podía entrar en el tabernáculo de reunión debido a la gloria de la Shekiná (también escrita Shejiná). El Talmud y otros escritos judíos están llenos de referencias a la gloria Shekiná. Los cristianos desprecian la palabra "místico", y sin embargo, la palabra *Shekiná,* que a muchos cristianos les encanta usar, es una palabra mística. Simplemente se refiere a la presencia de Dios. La palabra Shekiná en sí no se encuentra en el texto bíblico. En realidad, es un término extrabíblico acuñado por rabinos místicos. Tomaron la palabra *shakán,* que literalmente significa "un lugar de morada", la pusieron en una forma Hiphal, por lo que literalmente significa "él es hecho habitar"; entonces le añadieron una terminación femenina. En el hebreo de la Mishná, la palabra a menudo se usa para referirse a los nidos de las aves (Talmud Baba Kammah 92b).

Shakán también significa realeza o residencia real. Se cree que la palabra griega *skene* (morada) deriva de *shakán*. La palabra "tabernáculo" en hebreo es *mishkán,* que es un derivado de la misma raíz y también se usa con el sentido de un lugar de morada. En el pensamiento judío clásico, la Shekiná se refiere a una morada o asentamiento en un lugar especial, de modo que, al estar en proximidad a la Shekiná, la conexión con Dios se percibe más fácilmente. La palabra *shakán* es diferente de *yashav,* que es otro término hebreo que se usa para "habitar", pero que transmite la idea de una residencia permanente. En cambio, *shakán* implica tomar residencia en un lugar por un periodo prolongado, pero sin la intención de hacerlo de manera permanente.

En la historia de Rut tenemos un ejemplo de la gloria Shekiná, que se manifiesta simplemente por la presencia de alguien. ¿Por qué se permitió repentinamente que Rut, una mujer moabita, se casara con un hebreo? Esto fue posible porque ella se convirtió a la fe judía. No es inusual que alguien se convierta al judaísmo para casarse con una persona judía, y podríamos acusar a Rut de haber hecho eso, excepto por un incidente registrado en Rut 2:4: "*Y he aquí que Booz vino de Belén, y dijo a los segadores: Jehová sea con vosotros. Y ellos respondieron: Jehová te bendiga*". La palabra "sea" no está en el texto hebreo original. El traductor está parafraseando, suponiendo que era una especie de saludo. Literalmente, el texto dice: "Jehová con vosotros". En español es necesario un verbo para completar una oración, pero en hebreo puede existir una oración sin un verbo.

He aprendido de los rabinos que el verbo correcto aquí debería ser "estar" y no "ser". En otras palabras: "Jehová *está* con vosotros", lo que significa: "Jehová *está* aquí". Los segadores respondieron: "Jehová te bendiga". La palabra "bendiga" está en una forma Piel imperfecta, lo que significa que Dios seguramente lo bendecirá en abundancia. Esto no era un saludo común. Había algo más detrás de esto. Cuando Booz entró en el campo sintió la presencia de Dios, al igual que los segadores, quienes también sintieron la presencia de Dios y respondieron: "Sí, lo sentimos también. Realmente serás bendecido". Entonces, inmediatamente Booz observó a Rut y preguntó por ella. No necesariamente por su belleza, sino porque discernió que ella era la fuente de la presencia de Dios que estaban sintiendo. Una mujer extranjera, una moabita nada menos, resplandeciendo con la presencia de Dios, con la Shekiná. Tras investigar un poco, se confirmó que ella había rechazado una vida de realeza e idolatría para convertirse en una prosélita de la fe hebrea. Rut le dijo a Noemí: "*A donde tú vayas, yo iré; dondequiera que tú vivas, yo viviré. Tu pueblo será mi pueblo, y tu Dios será mi Dios*" (Rut 1:16 NTV).

En la literatura judía se considera que la Shekiná se manifiesta principalmente en el templo y el tabernáculo; sin embargo, el Talmud afirma que también puede encontrarse en los actos de oración pública:

"Donde diez están reunidos para la oración, allí reposa la *Shekiná*" (Talmud Sanedrín 39a). También se encuentra en el juicio justo: "Cuando tres se sientan como jueces, la *Shekiná* está con ellos" (Talmud Berajot 6a). Jesús citó la tradición oral judía, que más tarde fue registrada en el Talmud: *"Porque donde están dos o tres congregados en mi nombre, allí estoy yo en medio de ellos"* (Mateo 18:20). A veces me critican por citar el Talmud, pero el propio Jesús citó el Talmud, que en su tiempo era una tradición oral. A menudo pensamos que Jesús se refiere a la oración en este versículo, pero en la tradición judía reconocen que estaba haciendo referencia al juicio justo. La palabra Shekiná también se menciona en momentos de necesidad personal. El Talmud Shabat 12b dice: "También se manifestaba cuando los profetas profetizaban".

> *Mas ahora traedme un tañedor. Y mientras el tañedor tocaba, la mano de Jehová vino sobre Eliseo.*
>
> (2 Reyes 3:15)

Entonces Eliseo recibió su profecía.

Pero, ¿acaso Dios no es omnipresente? ¿Cómo puede habitar en un solo lugar? Aquí es donde realmente necesitamos comprender la enseñanza rabínica si queremos entender nuestra propia teología.

La enseñanza rabínica sostiene que la omnipresencia de Dios es celestial y representa su naturaleza masculina, la parte que protege, provee y vela por nosotros. La Shekiná, en cambio, es la naturaleza terrenal y femenina de Dios, la que nutre, consuela y se relaciona íntimamente con nosotros. David y los profetas siempre tuvieron la presencia de Dios habitando en ellos para protegerlos y proveer para ellos, pero era en el templo o el tabernáculo donde encontraban esa presencia amorosa y cuidadosa de Dios, la Shekiná.

Josefo relata que Herodes saqueó la tumba de David y Salomón para obtener riquezas con las cuales financiar la reconstrucción del templo (Antigüedades 14.7.1). Según Josefo, cuando dos guardias entraron en la tumba, murieron por una llama de la gloria Shekiná. Esto estremeció tanto a Herodes, que selló la tumba para nunca más volver a entrar.

Juan escribió: *"En el principio era el Verbo, y el Verbo era con Dios, y el Verbo era Dios... Todas las cosas por él fueron hechas, y sin él nada de lo que ha sido hecho, fue hecho"* (Juan 1:1, 3).

La versión Reina Valera 1960, y todas las versiones que han surgido de ella, han asignado el género masculino al concepto griego del Logos; sin embargo, las ocho traducciones anteriores al inglés asignan a *logos* un género neutro: *"Por ello todas las cosas fueron hechas"*. Esto es importante; debemos mirar con atención. Jesús es el Logos, por lo que las traducciones posteriores le dan un género masculino. Sin embargo, la enseñanza judía nos dice que fue la gloria de la Shekiná la que creó el mundo. Antes de su aparición en la tierra, Jesús era la gloria de la Shekiná, y cuando la manifestación física ascendió al cielo, su manifestación terrenal como la gloria de la Shekiná permaneció. Pablo nos dice que Él nunca nos dejará (ver Hebreos 13:5). La palabra "dejar" en griego es *aniemí*, que significa abrazar estrechamente. Él nunca dejará de abrazarnos. No puede hacer eso desde el cielo; por lo tanto, aunque su cuerpo físico ascendió al cielo, su presencia terrenal, la gloria de la Shekiná, la naturaleza femenina de nutrir y consolar, permanece para *aniemí*: abrazarnos estrechamente.

Pero recuerda que *Shekiná* significa un lugar de morada. Pablo deja claro que eso somos nosotros, nuestros cuerpos terrenales: *"Pero tenemos este tesoro en vasos de barro"* (2 Corintios 4:7). La gloria de la Shekiná ahora habita dentro de nosotros.

Sin embargo, hay más: la gloria de la Shekiná también exige un lugar físico. Así como Jesús fue al huerto y Pablo al desierto, nosotros necesitamos ese lugar privado al que ir todos los días (un jardín, una habitación especial, un almacén) donde la Shekiná pueda manifestarse y podamos compartir una intimidad con nuestro Creador, de modo que esa relación nunca muera y en ese lugar encontremos ese *shakhan* donde la Shekiná puede *aniemí* o abrazarnos estrechamente.

Hace años atrás, cuando atravesaba un momento difícil en mi vida, se me ofreció la oportunidad de tener acceso a un almacén durante la noche si aceptaba limpiar la zona de oficinas. Se me permitió recorrer ese almacén toda la noche, orando y buscando el rostro de Dios. Había un lugar en ese almacén, cerca de los muelles de carga. No sé por qué, pero cuando entraba en ese lugar específico me llenaba de la presencia de Dios. Cuando me alejaba del lugar, la presencia desaparecía, pero cuando volvía a pisarlo, allí estaba de nuevo. Su presencia era muy reconfortante y pacífica. Tal vez mi mente estaba jugando algún tipo de juego, pero estoy convencido de que era la Shekiná manifestándose. A lo largo de mi vida he descubierto áreas o lugares específicos a donde iba y realmente podía sentir la presencia de Dios o su Shekiná. Aunque Dios habita dentro de mí como lo hace con todos los creyentes, Él disfruta compartir una manifestación especial de su presencia en un lugar especial donde tú y Él puedan estar a solas, sin ser interrumpidos.

17

PARDES: UN MÉTODO RABÍNICO DE ESTUDIO BÍBLICO

Pardes es una palabra aramea que significa vergel o paraíso. "Paraíso" es la palabra judía para referirse al cielo. Si recuerdas al malhechor de la cruz que le pidió a Jesús que se acordara de él, la respuesta de Jesús fue: "*Te aseguro que hoy estarás conmigo en el paraíso*" (Lucas 23:43 NTV).

La palabra *pardes*, o como se escribe a veces PaRDeS, también es un acrónimo para un enfoque judío de la exégesis bíblica usada en el midrash. Midrash es una palabra hebrea derivada de la raíz *daresh*, que significa buscar con cuidado, investigar con detalle. Exégesis es un estudio en profundidad o interpretación de un texto bíblico.

PaRDeS representa cuatro niveles de estudio: *Peshat, Remez, Deresh* y *Sod*.

PESHAT

Peshat significa superficie o recto. Es el significado literal o directo de un pasaje de la Escritura. La mayoría de los cristianos nunca van más allá de este punto.

Sin embargo, detente y piensa: todo lo que Dios quiere que sepamos acerca de Él y de su creación se encuentra en un pequeño libro que llamamos Biblia. El Dios y Creador del universo nos da toda la información acerca de Él en un pequeño libro. Como Dios del universo, Él podría llenar toda una biblioteca, pero lo hace por nosotros. Debe haber más en cuanto al Creador del universo que lo que contiene ese libro. Bueno, lo hay. Dios dijo: "*y me buscaréis y me hallaréis, porque me buscaréis de todo vuestro corazón. Y seré hallado por vosotros, dice Jehová*" (Jeremías 29:13-14).

Yo tenía un compañero de cuarto en la escuela bíblica cuya prometida, que estaba en su ciudad natal, le escribía todos los días. Un día recibió una carta de diez páginas de ella. Ahora bien, él no tuvo que dividir la carta en diez partes para leer una porción cada día y terminar la carta completa. La leyó entera, incluso durante nuestra clase de teología. Para el día siguiente, ya había memorizado las diez páginas.

¿Por qué mi compañero pudo leer una carta de amor de diez páginas de su prometida durante una clase de teología y memorizarla en uno o dos días, mientras que si a algunos de nosotros nos dieran la tarea de leer diez páginas de la Biblia, la carta de amor de Dios para nosotros, no la terminaríamos? A menudo ponemos innumerables excusas para evitar lo que parece una tarea imposible. La diferencia es que mi compañero estaba enamorado de la autora de esa carta. ¿Realmente estamos enamorados del Autor de la Biblia?

La triste realidad es que el cristianismo en todo lugar está lleno de analfabetos bíblicos. En el mejor de los casos, los cristianos leen la Biblia solo para obtener una comprensión superficial. Algunos estudian la Biblia, buscan pasajes en un comentario, e incluso podrían buscar una palabra en la *Concordancia Exhaustiva de la Biblia de Strong* para ver su significado en griego o en hebreo. Eso es estudiar la Biblia, pero es similar a explorar las aguas poco profundas del océano con un snorkel. Luego están aquellos que se ponen un tanque de buceo y un traje, o entran en un submarino de investigación y exploran las profundidades del océano. Eso se logra meditando en la Palabra de Dios. Deberíamos esforzarnos por meditar como lo hizo David: *"Sino que en la ley de Jehová está su delicia, y en su ley medita de día y de noche"* (Salmos 1:2). *Pardes* no es solo leer la Biblia o incluso estudiar la Palabra de Dios. Es leer, estudiar y meditar en la Palabra de Dios. Contemplar la inmensidad y la belleza de la superficie del océano es el primer nivel de estudio de Pardes, el *peshat*.

REMEZ

El siguiente paso en *pardes* es el *remez,* que significa una pista. Atisbas una vislumbre de belleza que no se ve en la superficie, como bucear con snorkel cerca de la orilla del océano. Es hermoso, pero solo da una idea de una belleza y maravilla aún mayores en las profundidades.

DERESH

Luego pasas al siguiente nivel, el *deresh*, te pones un traje de buceo o entras en un submarino de investigación y comienzas a explorar las profundidades del océano a las que pocos se aventuran.

SOD

Finalmente entras en el *sod*, el último nivel de estudio exegético. Aquí no solo ves la profundidad de la belleza de la Palabra de Dios, sino que también la experimentas. Es como tomar muestras del fondo del océano y ponerlas bajo un microscopio. Para ti, la palabra *sod* significa secreto. Es el ámbito del estudio y la interpretación de la Biblia que solo el Espíritu Santo puede revelarte. Es Dios revelándote sus secretos.

El Talmud enseña que uno nunca debe estudiar la Torá a solas. Debemos buscar un compañero de estudio para desafiar nuestras conclusiones. Necesitamos buscar la perspectiva de otros para obtener una visión diferente que permita la diversidad de experiencias y relaciones con Dios. Después de todo, Dios es un Dios personal, así que déjalo ser un Dios personal y comparte con los demás de manera personal.

Salmos 16:11 dice: "*Me mostrarás la senda de la vida; en tu presencia hay plenitud de gozo; delicias a tu diestra para siempre*". Estudiar un pasaje de la Escritura puede abordar una necesidad personal. Digamos que tuve un día difícil manejando mi autobús para personas con discapacidad. La mayoría de las personas están agradecidas por el viaje y son amables. Todos saben la hora de su recogida, pero algunos esperan hasta que el conductor toca la bocina para hacer sus últimas cosas. Mientras tanto, yo tengo un horario ajustado y el tráfico se acumula detrás de mí, con conductores impacientes tocando la bocina porque no pueden adelantar a mi autobús. En esos días, comienzo a sentirme de un modo muy poco cristiano.

En medio de mis quejas, recibí una llamada de mi controlador pidiéndome que hiciera un viaje especial para alguien que habían olvidado por error. Esto sucedió un día, y no me di cuenta de cuán especial sería ese pequeño viaje.

Había dejado a mi último pasajero y fui a realizar mi viaje especial. Tenía mi música de adoración sonando en mi iPod cuando me detuve frente a su casa. Salió una mujer anciana que parecía tener aproximadamente noventa años. Había algo especial en ella; podía sentir que tenía un espíritu dulce. Una alegría y una paz silenciosa la rodeaban. Después de ayudarle a subir al autobús, me senté en el asiento del conductor y miré por el espejo retrovisor. La vi llorando. Le pregunté qué sucedía, y ella dijo: "Oh, nada, pero cantamos esa canción en la iglesia el domingo pasado, y es muy hermosa". Hizo una pausa y continuó: "No, no es la canción lo que me hace llorar; es el Espíritu Santo". La canción se titulaba *"In Your Presence"* (En tu presencia), del Coro del Tabernáculo de Brooklyn.

Comencé a escuchar la canción, y en palabras de Maynard G. Krebs, "todo se volvió brumoso". Una nube de gloria pareció descender sobre nuestro autobús, y por primera vez ese día me sentí relajado y lleno de alegría, sonriendo mientras entraba en esa *"plenitud de gozo"*.

Eso es el *peshat*, la comprensión superficial de la *"plenitud de gozo"*. Pero me di cuenta de que había algo más aquí, y estaba ansioso por abrir mi Biblia hebrea y examinar las palabras *"plenitud de gozo"*, lo cual hice en el siguiente descanso. Mi experiencia personal fue mi *remez,* la pista de que había una comprensión más profunda de esta plenitud de gozo. Había experimentado algo mucho más profundo que solo una *"plenitud de gozo"*. Esto era algo muy especial, y tenía que saber más al respecto.

Por lo tanto, estaba listo para entrar en el tercer nivel, el *deresh,* la búsqueda de una comprensión más profunda. Comencé mirando las palabras hebreas para *plenitud de gozo.* En hebreo es *soba semachot.* La palabra *semachot* proviene de la raíz *semchah,* que significa alegría y serenidad. Pero esta palabra está en forma plural femenina. ¿Cómo puedes tener gozo en forma plural? Podría indicar, como en español, más de una. La forma plural en hebreo también podría indicar una de dos cosas, o incluso ambas. Bueno, hay más de un tipo de gozo en nuestro ámbito terrenal. Encontramos gozo en un hermoso día soleado, compartiendo experiencias con un amigo, disfrutando de una buena comida, leyendo un buen libro, el amor, la anticipación de un evento feliz, y así sucesivamente. Encontramos muchos tipos diferentes de gozo.

Sin embargo, lo que el salmista está diciendo es que encuentra toda esa alegría que experimentamos en el mundo natural simplemente en la presencia de Dios. El plural en hebreo también podría significar lo supremo, lo más grande. La misma alegría que experimentamos con los amigos es la misma alegría que experimentamos con Dios, solo que mayor. La misma alegría que experimentamos al comer una buena comida es la misma alegría que podemos experimentar al consumir la Palabra de Dios, solo que más intensa. Encontré una abundancia o plenitud de esa alegría en la presencia de Dios. Esto expresa el plural hebreo. No solo una alegría, sino una plenitud de alegría.

¿Qué es esta energía del Sabbat? Es algo que aprendí de mis amigos judíos. Profundicemos en el hermoso océano donde encontramos que la palabra para *"plenitud"* es *soba,* que proviene de la misma raíz que Sabbat, que significa descanso y cesación del trabajo. También tiene la idea de una abundancia y plenitud, como el descanso sabático.

Echemos un vistazo más de cerca al *deresh* y examinemos la gramática. La palabra usada como adjetivo, *soba,* está en modo masculino singular, pero el sustantivo que modifica está en modo femenino plural. En la gramática hebrea, el adjetivo debe coincidir con el sustantivo que modifica. Si el adjetivo está en modo masculino singular, entonces el sustantivo también debería estarlo. Ah, otro *remez,* una pista en esta anomalía gramatical. El plural en hebreo puede significar más de uno y también lo supremo o lo más grande. Por lo tanto, esta alegría en la presencia de Dios no solo trae todas las alegrías que podemos experimentar en este mundo natural, sino que también es la más grande. Ahora bien, esta palabra es una anomalía gramatical, ya que debería estar en modo masculino, pero está en modo femenino. Esto es específico de la alegría de la naturaleza femenina de Dios: el amor, el cuidado, las caricias, la crianza, el perdón y la misericordia de Dios. La naturaleza masculina de Dios es la disciplina, la provisión y la protección. Claro que hay alegría en el sentido masculino, pero el escritor creó una anomalía gramatical para expresar la idea de que esta es una alegría amorosa, nutritiva y emocional.

Aquí en la tierra Dios es un Padre, porque nos protege, nos disciplina y nos provee. Pero en el cielo, en la eternidad, ya no necesitaremos la protección, la disciplina o la provisión de un Padre; tendremos la maternidad de Dios, el amor continuo, la crianza y las caricias maternas de Dios. Los judíos llaman a esto la Shekiná, de lo que hablé en el capítulo anterior.

Otro modo de verlo es que el Sabbat es como la consumación de un matrimonio, donde nosotros, como la novia, disfrutamos de la intimidad con nuestro novio. Por lo tanto, *soba simchoth* es una alegría de estar unidos, como una novia y un novio se unen como uno y disfrutan de la intimidad entre sí.

Después entré en el *sod*, la experiencia y la aplicación de esta profundidad de lectura, estudio y meditación. Me sentía angustiado antes de que mi hermana anciana subiera al autobús. Cuando ella subió, estaba radiante con la luz de Dios, pero yo bloqueé esa luz hasta que ella pronunció esa bendición: "No es la música. Es el Espíritu Santo". Me estaba diciendo que el Espíritu Santo estaba presente durante mi día miserable. Entonces abrí los ojos a la Luz.

¿Alguna vez has asistido a una comida de Sabbat con una familia judía? Puede que hayas notado que en el Sabbat, la madre enciende velas de Sabbat para dar la bienvenida al Sabbat. La madre o la esposa da vueltas alrededor de las velas tres veces antes de cubrirse el rostro y pronunciar la bendición. Sé que hay varias razones para esto, pero pensé en una. Los judíos ortodoxos creen que, cuando entras en el descanso del Sabbat, no es solo sentarte y relajarte. Pasas la semana gastando toda tu energía en el trabajo, las labores, el estrés, los miedos, las preocupaciones, los problemas, etc. El Sabbat es el día para renovar esa energía con la energía del Sabbat. Notarás que, mientras la madre o la esposa da vueltas alrededor de las velas, mueve sus manos sobre la luz de las velas tres veces. Está invitando a la Luz de Dios (Jesús es la Luz de Dios) a entrar en ella, en su familia y en sus almas. Yo sentí que esa energía de la Luz de Dios entró en comunión con mi hermana anciana y luego sentí que esa energía del Sabbat entró en mi alma y luego en mi cuerpo.

Tal vez la lección más importante que podría aprender de mis amigos judíos es que hay mucho más en la Palabra de Dios que una simple lectura. Si amas la Palabra de Dios como mi compañero de cuarto amaba las cartas de su prometida, quien le revelaba los secretos de su corazón, y la lees, la estudias y meditas en ella, Dios te revelará los secretos o *sod* de su corazón.

18

EL MESÍAS

"Y dará a luz un hijo, y llamarás su nombre JESÚS, porque él salvará a su pueblo de sus pecados".
—Mateo 1:21

"que os ha nacido hoy, en la ciudad de David, un Salvador, que es CRISTO el Señor".
—Lucas 2:11

La referencia más común a nuestro Salvador es el nombre Jesús. El nombre que le dieron al nacer su madre y su padre, quienes hablaban un dialecto del norte (es decir, un antiguo dialecto galileo del arameo), fue *Eshoa*. La forma hebrea de este nombre es *Yeshúa,* pero es solo una versión abreviada, como llamar "Paco" a Francisco. La forma completa y formal del nombre es *Yehoshúa,* que significa Jehová salvará. Proviene de la raíz semítica *ysha,* que significa ayudar, rescatar, liberar o salvar. Nuestro término proviene de la versión abreviada Yeshúa, que pronunciamos como Joshua, cuando la letra semítica Yod se convirtió en J en latín y se trasladó al español. La forma griega proviene de la versión más corta de Yeshúa y es *Iēsous*, mientras que la forma latina es *Iesus*, de la cual obtenemos nuestra palabra Jesús.

Algunos cristianos me reprenden por no usar la forma hebrea Yeshúa cuando hablo de Jesús. ¿Cómo podría yo, como maestro de hebreo, no usar el verdadero nombre de Jesús? ¡Pero sí uso su verdadero nombre! Solo que uso nuestra pronunciación en español: Jesús. ¿Ah, te refieres a la pronunciación hebrea? ¿Por qué? Ese no fue su nombre de nacimiento. El hebreo es solo la pronunciación hebrea de su nombre de nacimiento, el arameo *Eshoa*. ¿Por qué no usar pronunciaciones de otros idiomas? En español se pronuncia *Jesús*, en ruso *Esus*, en francés *Izeuz*, y en alemán *Yezus*. El punto es que, incluso quienes me critican por no usar lo que consideran el nombre correcto de Jesús (*Yeshúa*) ni siquiera lo están diciendo correctamente en hebreo. Deberían decir *Yehoshúa*, pero aun así no estarían usando la pronunciación correcta de su nombre de nacimiento, que es la forma aramea *Eshoa*. Como dijo Shakespeare: "¿Qué significa un nombre? Lo que llamamos rosa con cualquier otro nombre olería igual de dulce".

Descubrimos que a Jesús también se le llama Salvador. ¿Acaso el nombre Jesús no significa Salvador? En efecto, eso significa, pero en arameo en Lucas se usa la palabra *paruqa*, que significa separar, desconectar o remover con fuerza. Después de todo, ¿no es eso lo que hace un salvador? Te desconecta al quitarte con fuerza de una posición amenazante. Jesús nos saca de una condición de pecado para situarnos en armonía con Dios; pero aquí podemos ver cómo los judíos del primer siglo malinterpretaron el papel que Jesús debía desempeñar: salvarnos de nuestros pecados.

Los judíos buscaban un Salvador que los librara de la opresión nacional o del gobierno. Hasta el tiempo del cautiverio, el Medio Oriente estaba formado por reinos relativamente pequeños como Edom, Amón, Judá, etc. El único reino grande era Egipto, que no tenía un interés genuino en conquistar estos pequeños reinos, pues no tenían recursos naturales que Egipto necesitara, los cuales son la base de muchos conflictos. Mientras existiera un comercio saludable, ¿por qué desperdiciar recursos tratando de gobernarlos? Sin embargo, en las regiones mesopotámicas, el agua, la tierra fértil y otros recursos no estaban fácilmente disponibles en un solo reino; de ahí que hubiera constantes conflictos por los derechos de agua y tierras fértiles.

En el siglo VIII a. C. poderes imperiales como Asiria y Babilonia comenzaron a pretender los recursos de otros reinos para enriquecerse. Los pequeños ejércitos de Israel y sus aliados no podían competir con las vastas y poderosas tropas de estos imperios. Como resultado, clamaron por un salvador (*paruga*) que se levantara y derrotara a estos ejércitos imperiales. En la época de Jesús, el gran imperio opresor era Roma, que los hacía pagar impuestos, gobernaba sobre ellos y los esclavizaba.

El nombre Eshoa era muy común. En el primer siglo, los judíos solo tenían un nombre; en lugar de un apellido eran identificados como el hijo de alguien o el lugar de donde venían. Por eso a Jesús lo llamaban Jesús de Nazaret, porque esa era su ciudad. Muchos padres llamaban a sus hijos Eshoa, esperando que se convirtieran en un gran líder militar y político que salvaría a su pueblo de la opresión del gobierno. Por eso Mateo 1:21

es muy específico. Su nombre será Jesús o Salvador porque él salvará a su pueblo de sus pecados, no del Imperio Romano.

También se le llama Cristo el Señor en Lucas. La palabra "Señor" en arameo es *mara'*, que significa dueño o poseedor de tierras o propiedades. Él es el Cristo que posee el mundo o todo lo que existe. La palabra "Cristo" en arameo es *Mashicha*, y en hebreo *Moshiach*, que significa el Ungido. En general, los judíos no creen que el Mesías será la encarnación de Dios, sino simplemente un gran líder; sin embargo, judíos ortodoxos como el movimiento Jabad creían que el sexto Rebe de Jabad Lubavitch, Yoseph Yitzchak Schneersohn, era el Mesías. Creían que él era la esencia y existencia de Dios en un cuerpo. Aunque murió, creen que un día resucitará y regresará para establecer la paz en la tierra, lo mismo que decimos sobre Jesús.

Según los Trece Principios Fundamentales de la fe judía, enumerados por Maimónides, el Mesías traerá la redención final al mundo; traerá una era de paz mundial, prosperidad y sabiduría, al igual que la resurrección de los muertos. Será un descendiente de David que dará entrada a la era mesiánica al reconstruir el templo, reunirá a los judíos de todo el mundo y los guiará a la Tierra Prometida. Será entonces cuando en el mundo "*forjarán sus espadas en rejas de arado, y sus lanzas en hoces; no alzará espada nación contra nación, ni se ensayarán más para la guerra*" (Miqueas 4:3). El hombre se preocupará de una sola cosa: procurar el estudio de la buena sabiduría.

> *No harán mal ni dañarán en todo mi santo monte; porque la tierra será llena del conocimiento de Jehová, como las aguas cubren el mar.* (Isaías 11:9)

La venida del Mesías es una creencia muy fuerte en el judaísmo. Intentar predecir el tiempo exacto de su llegada no está bien visto, así como en el cristianismo tampoco deberíamos obsesionarnos con la fecha del regreso de Jesús el Mesías. Entonces, ¿cuándo vendrá el Mesías? Será cuando el mundo más lo necesite: por ejemplo, cuando el mundo sea lo más pecaminoso posible y tenga una necesidad desesperada de salvación, entonces vendrá el Mesías. El Talmud cuenta la historia de un rabino que le preguntó a un profeta cuándo vendría el Mesías. El profeta respondió: "Hoy". El rabino esperó ansiosamente todo el día, pero el Mesías no llegó. Entonces regresó con el profeta y le preguntó por qué no había venido. El profeta respondió: "Hoy, si oyes su voz". Podemos decir lo mismo en nuestra fe cristiana con respecto al regreso de Jesús.

19

UN RAPTO JUDÍO

"También salió fuego de delante de Jehová, y consumió a los doscientos cincuenta hombres que ofrecían el incienso. Entonces Jehová habló a Moisés, diciendo: Di a Eleazar hijo del sacerdote Aarón, que tome los incensarios de en medio del incendio, y derrame más allá el fuego; porque son santificados... en recuerdo para los hijos de Israel, de que ningún extraño que no sea de la descendencia de Aarón se acerque para ofrecer incienso delante de Jehová, para que no sea como Coré y como su séquito; según se lo dijo Jehová por medio de Moisés".
—Números 16:35-37, 40

Este es un relato interesante cuando se ve desde una mentalidad judía. Gira en torno a la historia de Coré, quien incitó un motín que desafió el liderazgo de Moisés y el sacerdocio otorgado a Aarón. Coré, un levita, estuvo acompañado por Datán y Abiram de la tribu de Rubén, quienes se unieron a este golpe de estado, junto a otros 250 *nasi* de varias otras tribus. Los *nasi* eran líderes de sus comunidades, hombres respetados y justos. Aquí es donde esta historia se vuelve un poco complicada.

Coré era un miembro de la tribu de Leví, pero no estaba en la línea directa de Aarón. Era un miembro de los coatitas, la familia más prestigiosa de los levitas. Todo este conflicto se reducía simplemente a una cuestión de lucha de clases. Coré quería ser sumo sacerdote y prometió que, si llegara a serlo, haría que todos fueran iguales. ¿Eliminaría el elitismo del sacerdocio?

Aquí está la sencilla pregunta: ¿por qué 250 miembros de la élite de Israel se rebelarían contra el elitismo del sacerdocio? No había un verdadero poder político en el sacerdocio. Estos 250 hombres ya tenían todo el poder político que podían desear como líderes de sus tribus. Los sacerdotes eran meramente siervos de Dios, encargados de las funciones de administrar y mantener el tabernáculo. Dependían de las ofrendas voluntarias de las otras once tribus para su sustento, y no poseían tierras ni participaban en el comercio como mercaderes o empresarios.

Lo que hicieron los rebeldes fue algo bueno; mostraron su deseo de estar cerca de Dios y se rebelaron contra la estructura dinástica del sacerdocio. El propio Coré lo dijo: declaró que deseaban ser como el sacerdote, cuyo único trabajo era servir a Dios y acercarse a Él, pero ellos se veían obligados a vivir vidas comunes.

> *Todos se unieron contra Moisés y Aarón y les dijeron: —¡Ustedes han ido demasiado lejos! El Señor santificó a la comunidad entera de Israel y él está con todos nosotros.*
>
> (Números 16:3 NTV)

Esta rebelión no era por tierras, comida, dinero o poder político. Se trataba completamente de la ventaja que tenían los sacerdotes de servir a Dios y acercarse a Él. Era una ventaja que ellos percibían que no tenían simplemente porque no habían nacido en la familia de Leví.

Declararon que el Señor había apartado a toda la comunidad y que estaba con todos ellos. Entonces, ¿por qué una persona no podía servir como sacerdote si deseaba tener la oportunidad de entrar en el sacerdocio? ¿Por qué un rubenita o un benjaminita no podía servir como sacerdote y llevar los incensarios si quería hacerlo?

Aquí la historia se vuelve realmente interesante, y es aquí donde podemos encontrar una aplicación en la actualidad. Aunque el suelo no se abre y nos traga, somos culpables de lo mismo hoy en día. No tenemos celos de una posición o estructura de poder, pero percibimos que alguien en el ministerio está más cerca de Dios que un conserje o un camarero. ¿Cuántos trabajadores de fábricas o del sector servicios corren hacia su sacerdote, pastor o profeta para que ore por ellos si necesitan sanidad o un favor de Dios en lugar de acudir a un padre, madre o abuelo piadoso? Percibimos que cuanto más alto es el rango que ocupa en la iglesia, más cerca está de Dios.

Las cosas no han cambiado desde los días de los hebreos, ellos pensaban de manera similar: que los nacidos en una familia levítica estaban más cerca de Dios. Sin embargo, Coré y sus 250 seguidores sabían que cualquiera podía estar cerca de Dios. Ellos exigieron su parte del pastel sacerdotal. "Si mi pequeño Rubén quiere crecer y ser sacerdote para llevar el incienso, pues... caramba, tiene derecho a ir al seminario y aprender a llevar el incienso. Solo porque su apellido no sea Cohen no significa que se le deba negar ese derecho".

Bueno, tenían una buena lógica, pero se adelantaron a su tiempo. Esa revolución no ocurriría sino hasta mil años después, y sería dirigida por el Mesías, Jesucristo.

> *Mas vosotros sois linaje escogido, real sacerdocio, nación santa, pueblo adquirido por Dios, para que anunciéis las virtudes de aquel que os llamó de las tinieblas a su luz admirable.* (1 Pedro 2:9)

Hoy en día hay escuelas bíblicas y seminarios en casi todas las ciudades. Cualquier hijo o hija puede asistir, graduarse y ser ordenado ministro del evangelio. Ahora bien, si Dios los ha llamado o no a ese ministerio, es otra cuestión. Sin embargo, cualquiera que desee ser sacerdote para Dios puede serlo, porque hemos sido hechos sacerdotes por el Mesías Jesucristo.

La percepción de que alguien que es sacerdote tiene una influencia especial sobre Dios es una mentira del mismo infierno, y los que perpetúan esa mentira terminaron, literalmente, en él.

> *Moisés le habló de nuevo a Coré: «¡Ahora escuchen, levitas! ¿Les parece de poca importancia que el Dios de Israel los escogiera de entre toda la comunidad israelita para estar cerca de él de manera que sirvan en el tabernáculo del Señor y que estén delante de los israelitas para ministrarles? Coré, él ya les dio este ministerio especial a ti y a tus hermanos levitas. ¿Ahora también reclaman el sacerdocio?*

¡En realidad es contra el Señor que tú y tus seguidores se rebelan! Pues, ¿quién es Aarón para que se quejen de él?».

(Números 16:8-11 NTV)

Moisés les estaba diciendo a estos 250 seguidores de Coré que ya tenían el privilegio de acercarse a Dios, pero aun así querían ser sacerdotes para presentarse ante el pueblo y desempeñar funciones sacerdotales. Ahora Moisés estaba llegando al corazón del asunto y abordando los factores del orgullo, el poder y la influencia. ¿Es realmente acercarse a Dios lo que desean? ¿O en realidad solo buscan tener una sensación de superioridad espiritual sobre los demás? La Escritura no deja claro si examinaron sus motivaciones o no. Es posible que desearan estar cerca de Dios a pesar de tener motivos ocultos.

He conocido a muchos pastores que eran hombres piadosos. Recuerdo a un pastor a quien acudía en busca de consejo cuando yo era joven. Mi hermano menor, que al final trabajó para él como su asistente, solía decir: "Cuando la gente ora, Dios escucha, pero cuando el pastor X ora, Dios sonríe". Era ambicioso, pero llevó a su iglesia a la bancarrota con sus planes de construir una megaiglesia. La gente literalmente lo adoraba y acudía a él antes que a nadie para que orara por ellos, sintiendo que tenía una conexión especial con Dios, y nunca lo oí negar tal cosa.

Creo que Dios lo usó a pesar de su tendencia humana a tomarse demasiado en serio a sí mismo y su posición como pastor. El tiempo al final demostró que seguía su propio plan y no el de Dios. Sus grandes proyectos para construir un centro de conferencias y una escuela cristiana con una cadena televisiva nunca despegaron. Lo poco que logró construir terminó en la bancarrota antes de que se realizara la primera conferencia.

Dios lo llamó a su presencia un año después. A pesar de sus fracasos terrenales, creo con todo mi corazón que se encontró con Jesús y recibió el beso divino. Si no creyera eso, habría poca esperanza para mí.

El problema con los 250 hombres era simplemente que querían servir en la primera línea; querían algo de esa gloria, aunque ya llevaban el "uniforme" de los escogidos de Dios.

Cuando llegó el momento del juicio, Dios mostró quiénes eran sus guerreros de primera línea para la tarea específica del sacerdocio y el liderazgo espiritual, y quiénes no lo eran. Aquellos que no lo eran fueron tragados por un terremoto:

> *Pero si el Señor hace algo totalmente nuevo y la tierra abre su boca y se los traga con todas sus pertenencias y descienden vivos a la tumba, entonces ustedes sabrán que estos hombres mostraron desprecio por el Señor. Apenas Moisés terminó de decir estas palabras, la tierra repentinamente se abrió debajo de ellos. La tierra abrió la boca y se tragó a los hombres, junto con todos los de su casa y todos sus seguidores que estaban junto a ellos y todo lo que poseían. Así que descendieron vivos a la tumba, junto con todas sus pertenencias. La tierra se cerró encima de ellos y desaparecieron de entre el pueblo de Israel; y toda la gente que los rodeaba huyó cuando oyeron sus gritos. «¡La tierra nos tragará a nosotros también!», exclamaron. Entonces un fuego ardiente salió del Señor y consumió a los doscientos cincuenta hombres que ofrecían incienso.* (Números 16:30-35 NTV)

Los 250 *nasi*, la élite de cada tribu, los hombres de renombre, sin embargo, no fueron tragados por el terremoto. Fueron consumidos por el fuego de Dios. Moisés no dijo nada acerca de que el fuego de Dios consumiría a quienes menospreciaban al Señor; solo aquellos que fueron tragados por la tierra mostraron desprecio por el Señor. ¿Por qué los hombres que ofrecieron incienso no fueron tragados por la tierra? Tal vez porque no despreciaron al Señor.

La palabra despreciar en hebreo es *na'ats*, que realmente significa rechazo. Coré y sus seguidores, que fueron tragados por la tierra, rechazaron al Señor. Los 250 no rechazaron a Dios; rechazaron el mensaje de Moisés de que ya estaban cumpliendo los roles para los que habían sido llamados. Tal vez realmente querían estar cerca de Dios y sentían que el elitismo del sacerdocio se interponía en su camino. Después de todo, llevaron su ofrenda de incienso.

Aquí está el punto crucial del asunto: los incensarios con las ofrendas de incienso. Esto fue lo que los hijos de Aarón llevaron al lugar santísimo cuando fueron consumidos por el fuego. En el versículo 35 apenas se menciona que los 250 fueron consumidos por el fuego. Como los hijos de Aarón, querían tocar el rostro de Dios. La Escritura nos dice que estaban cerca del tabernáculo. Probablemente no encendieron su incienso con el fuego del cielo sino que ofrecieron fuego extraño. Incluso si hubieran usado el fuego del altar, no habrían estado consagrados para acercarse al lugar santísimo. Cuando continuaron acercándose al lugar santísimo con fuego extraño, fueron atraídos a la presencia de Dios como los hijos de Aarón, que también desobedecieron, pero anhelaban estar cerca de Dios. Como los hijos de Aarón, creo que recibieron lo que el Talmud llama el beso divino y fueron llevados a la presencia de Dios.

El fuego siempre ha sido un símbolo del amor divino y apasionado de Dios. El fuego pudo haber consumido sus cuerpos, pero fueron llevados a la presencia de Dios. Su muerte no fue el resultado de la rebelión como la de los seguidores de Coré. Su muerte fue el beso divino; vieron el "Rostro de Dios", y sus espíritus no pudieron permanecer en sus cuerpos. Tuvieron que dejar su cuerpo para unirse con su Creador. Decimos que murieron, pero la palabra "murieron" es engañosa; sus cuerpos cesaron pero ellos no dejaron de existir, de modo que no murieron.

Un cristiano nunca morirá. Es decir, si usamos la palabra "muerte" en el contexto de separación de Dios. Nunca seremos separados de Dios. Seremos separados de este cuerpo corrupto y pecaminoso, pero eso no es la muerte. Para el incrédulo, en cambio, morir sí significa ser separado del único vínculo posible con Dios y, por lo tanto, realmente muere.

Muchos pueden no estar de acuerdo conmigo, pero creo que estos 250 hombres no rechazaron a Dios; actuaron en desobediencia al intentar acercarse a Él de una manera prohibida en su tiempo de vida. Como resultado, fueron arrebatados. Sí, creo que todos los creyentes son arrebatados. No es exactamente como ser llevado al cielo en un cuerpo físico, pero ¿quién querría pasar la eternidad en esta cáscara desgastada? Qué gozo sería ser arrebatado de este viejo cuerpo y entrar en la presencia de Dios.

¿Cuál es la diferencia entre ser arrebatado en este cuerpo viejo y corrupto y ser presentado ante Dios en un cuerpo nuevo, en lugar de simplemente dejar esta cáscara en la tierra por causas naturales y aparecer ante Dios en un cuerpo nuevo? En mi opinión, es exactamente lo mismo. Incluso el apóstol Pablo no supo la diferencia: "*Y conozco al tal hombre (si en el cuerpo, o fuera del cuerpo, no lo sé; Dios lo sabe)*" (2 Corintios 12:3). Pablo visitó el paraíso y ni siquiera supo si estaba en el cuerpo o fuera de él. ¿Puedes creerlo? Ni siquiera sabes si dejaste tu cuerpo o no. Entonces, ¿qué diferencia hay si eres arrebatado antes de la tribulación o si pasas de este mundo por una causa natural y tu espíritu deja tu cuerpo para unirse a uno nuevo? Es lo mismo, ¿no es cierto? ¿Por qué es tan importante el concepto del arrebatamiento? Al final, todos seremos arrebatados y, a la larga, ni siquiera notaremos la diferencia. Creo que, a pesar de la desobediencia de estos 250 hombres, ellos no rechazaron a Dios; por lo tanto, Dios los arrebató.

La enseñanza rabínica sobre el beso divino se refiere a morir sin agonía ni miedo. De hecho, es morir sin ni siquiera darse cuenta de que se ha muerto. La presencia de Dios se vuelve muy real, Él está tan cerca, que el espíritu simplemente ya no quiere permanecer en el cuerpo y decide partir. No se puede estar más cerca de un arrebatamiento que eso.

20

EL CORDÓN UMBILICAL

"Dios es Espíritu; y los que le adoran, en espíritu y en verdad es necesario que adoren".
—Juan 4:24

En este versículo, Jesús está hablando con una mujer samaritana. Los samaritanos eran del distrito norte de Palestina, que una vez fue el reino del norte de Israel. Los judíos fueron llevados cautivos por los asirios. Más adelante, el reino del sur de Judá fue llevado cautivo por Babilonia, que había conquistado a los asirios. A los judíos se les permitió regresar a su tierra natal durante el Imperio Persa. Los que eran del reino del norte regresaron al territorio del norte, pero comenzaron a mezclarse con la población de extranjeros que se habían establecido cuando los judíos fueron llevados cautivos. Así, mientras el reino del sur de Judá permaneció relativamente puro, los judíos del norte comenzaron a casarse con extranjeros y adaptar sus creencias judías a las de los dioses extranjeros; sin embargo, aún mantenían muchas de sus creencias judías, solo que se convirtió en un revoltijo de otras religiones. Como resultado, se les prohibió adorar en el templo ubicado en el área sur de Judá.

El grupo del norte acababa de construir su propio lugar de adoración. Hubo mucho debate entre los samaritanos sobre si era apropiado que un judío adorara en este otro lugar, ya que reconocían que la ley hebrea pedía explícitamente un solo lugar de adoración. La mujer samaritana preguntó qué lugar de adoración era aceptable para Dios. Esta pregunta mostró que ella realmente deseaba conectar con el Dios de su pueblo.

Siguiendo el tema de Jesús de que las leyes, el templo y la adoración son asuntos del corazón, Él dijo que ella no entendía qué era la adoración, porque la adoración no es un lugar ni un acto físico; es un acto del corazón y del espíritu. Dios es espíritu, y debemos *"adorarlo en espíritu y en verdad"*.

Si la adoración no es una acción física, entonces mucho de lo que llamamos adoración no lo es. Tocar música, cantar, bailar y gritar no es alabanza ni adoración. Son solamente manifestaciones de alabanza, pero no son alabanza en sí mismas. La alabanza genuina es un asunto del espíritu.

En arameo, la palabra para espíritu, *rauch,* se refiere al Espíritu Santo. Hay una preposición, *Beth,* que indica en, sobre, o a través de. Jesús está diciendo que el Espíritu Santo debe guiar toda adoración. Entonces, el pastor no dirige la adoración, ni el líder de adoración ni el equipo de adoración dirigen la adoración; es el Espíritu Santo quien guía el servicio de adoración. Si el Espíritu Santo te guía a cantar, cantas; si te guía a gritar, gritas; si te guía a bailar, bailas. Si te guía a meditar en silencio, meditas.

¿Y si el líder de adoración guía a todos a cantar, pero tú no te sientes guiado a cantar? Déjame hacerte una pregunta. Si no te sientes guiado a ponerte de pie o cantar, pero lo haces de todos modos, ¿por qué lo haces? Solo tú puedes responder, pero muchos lo hacen porque se les dice que lo hagan y no quieren decepcionar al pastor o al líder de adoración. Algunos lo hacen para que la gente no cuestione su espiritualidad, y otros lo hacen porque quieren mostrar que son miembros genuinos y leales de la congregación. He oído de pastores que llamaban a los miembros de su iglesia a su oficina y les advertían que debían seguirlos a ellos o al líder de alabanza en la adoración. Si los miembros se negaban y elegían un estilo de adoración diferente al del resto de la congregación, no serían bienvenidos en la iglesia. El pastor quiere unidad; para él, eso significa que todos hacen lo mismo.

¿Alguna vez te has preguntado por qué, cuando ves a los judíos orando o adorando a Dios, usan un manto de oración? Lo hacen para no ser influenciados por otros adoradores. Adoran como un cuerpo porque pueden sentir esa unidad del cuerpo, pero comprenden que la adoración sigue siendo un asunto muy personal y privado, por lo que usan el manto de oración para adorar a Dios en privado, pero al mismo tiempo en grupo.

Cuando las personas adoran según las instrucciones de un líder de adoración o un pastor, deben preguntarse si lo están haciendo porque se les dice y quieren complacer a sus líderes. Si ese es el caso, no están adorando a Dios porque no están adorando en *sherara'*.

En arameo, esta palabra para "verdad" es *sherara,* una palabra para cordón umbilical. El cordón umbilical es lo que conecta directamente a la mamá con el bebé. A través de ese cordón umbilical, el bebé es nutrido e incluso recibe vida de la madre. Cuando no seguimos la guía del Espíritu Santo sino que buscamos complacer a un pastor, líder de alabanza, o incluso a otros creyentes en nuestra adoración, nos hemos desconectado del cordón umbilical que nos conecta con el sustento espiritual de Dios. Como estamos tratando de complacer a un líder, recibimos el sustento espiritual de ese líder porque buscamos su aprobación por encima de la aprobación de Dios.

Yo no uso un manto de oración o *talit* porque no soy judío, y muchos judíos se ofenderían si lo usara; sin embargo, reconozco el sentido del talit como una forma de establecer un *sherara* o un cordón umbilical con Dios. Uno debe examinar su corazón en este asunto, pero a menudo me pregunto cuánta de nuestra adoración realmente es adoración a Dios. Si no adoramos en *sherara'*, en verdad, nuestra adoración se convierte en una abominación para Dios.

21

POR MUY POCO

"Entonces Agripa dijo a Pablo:
Por poco me persuades a ser cristiano".
—Hechos 26:28

Siempre me ha encantado la historia del rey Agripa y cómo Pablo casi lo persuade a convertirse en cristiano. Siempre que mi papá predicaba en la misión de rescate en Chicago que ayudó a fundar, me pedía que tocara un himno de invitación al piano al final, y yo tocaba ese viejo himno: "Casi persuadido".

Entonces, un día escuché un sermón que me desanimó. El predicador dijo que, en griego, realmente significaba que el rey Agripa no estaba casi persuadido de convertirse en cristiano. En cambio, le estaba diciendo a Pablo: "¿Crees que puedes persuadirme para convertirme en cristiano con un argumento tan débil?". Me sentí devastado y juré que algún día estudiaría griego y lo resolvería por mí mismo.

En realidad, aún no se ha resuelto. Encontrarás tantas interpretaciones diferentes que dicen que el rey Agripa estuvo casi persuadido o que afirman que no fue persuadido por los argumentos de Pablo. En griego, *En oligo me peitheis,* que se traduce como "Por muy poco me persuades". Pues bien, esa es una forma de traducirlo del griego. Yo lo traduzco como: "Excepto por muy poco, estoy persuadido". Eso podría traducirse en español como: "Casi me convences de que el cristianismo es verdadero". El argumento es fuerte de ambos lados, pero vamos a revisarlo en arameo, que dice: *baqalil madam maphim,* lo que podría leerse como: "Ha estado muy cerca de persuadirme".

Bien, estoy alterando esta traducción; también podría leerse que el rey Agripa está diciendo lo contrario. Entonces, ¿qué es? ¿Estaba casi persuadido, o no se sintió movido y consideró los argumentos de Pablo muy débiles? No hay forma de estar seguro a partir de los idiomas griego o arameo; por lo tanto, veamos el contexto y lo poco que sabemos sobre el rey Agripa. Para hacer esto, debo reflexionar sobre mis estudios de historia judía. ¿Podría el rey Agripa haber tenido un corazón blando hacia Dios? Hay algo muy revelador en el versículo anterior donde Pablo dice: *"Rey Agripa, ¿crees en los profetas? Sé que crees"* (Hechos 26:27). Pablo nunca sería tan audaz como para decirle a un rey lo que cree o no cree, así que el rey Agripa debió haber hecho declaraciones que indicaran que creía en los profetas, o tal vez solo estaba pretendiendo ser un creyente en los profetas.

Vayamos a la historia de los reyes de Judea antes y después de que Jesús caminara por la tierra. Alrededor del periodo entre los años 134-104 a. C., unos cien años antes de que naciera

Jesús, Judea conquistó Edom y obligó a los edomitas a convertirse al judaísmo. Los edomitas descendían de Esaú, el hermano gemelo de Jacob. Durante los cien años siguientes los edomitas se integraron gradualmente en la nación de Judea, alcanzando algunas posiciones de alto rango. El edomita Antipas fue nombrado gobernador de Edom, y su hijo Antípater fue el consejero principal de la dinastía asmonea, que estableció un gobierno conjunto sobre Judea con los seléucidas, quienes habían sido establecidos por Alejandro Magno y derrotados por los macabeos de la famosa fiesta de Janucá.

Sin embargo, Juan Hircano de la dinastía asmonea, que era edomita, logró convertirse en sumo sacerdote y estableció una buena relación con el Imperio Romano, que estaba extendiendo su influencia sobre Judea unos cincuenta años antes de que naciera Jesús. Esto ocurrió después de su conquista de Siria. Durante este tiempo, estalló una guerra civil entre los judíos y la dinastía asmonea edomita, que Roma sofocó. Julio César nombró a Antipas como gobernador y a Antípater como principal consejero de Juan Hircano II. Antípater fue el padre de Herodes el Grande, quien era edomita y convertido al judaísmo. Los seguidores de Herodes fueron llamados herodianos y proclamaron a Herodes el Grande como rey de los judíos. Esto desató un conflicto en el que los fariseos buscaban restaurar el reino a la línea de David, y los herodianos querían mantener a la casa de Herodes en el poder. Después de que Herodes fuera destituido de su cargo por el gobierno romano, hubo un breve intervalo antes de que los herodianos convencieran a Roma de permitir que el nieto de Herodes Agripa I fuera rey, a quien siguió el rey Agripa II. Su padre, Agripa I, para agradar a los judíos mandó decapitar a Jacobo, el hijo de Zebedeo, e incluso intentó matar a Pedro (ver Hechos 12:1-2). Las tensiones aumentaban entre Roma y los judíos, y esta facción cristiana no ayudaba.

El rey Agripa II fue educado en Roma y recibió una excelente enseñanza sobre la ley y las tradiciones judías. Quería ganarse el favor de las autoridades judías. Era edomita de origen y judío de fe. Los judíos odiaban a su abuelo, Herodes el Grande, debido a su inclinación hacia el gobierno romano. Había una gran división entre los saduceos, que querían una mayor influencia del gobierno romano, y los fariseos, que querían completa independencia de Roma. Los fariseos eran el grupo más poderoso en Judea, pero Roma era la influencia más poderosa.

En el decimoséptimo año del reinado de Agripa II, durante el reinado de Nerón, comenzaba a surgir la guerra con Roma. Agripa intentó desesperadamente evitar que los judíos se rebelaran contra Roma, y fracasó. Este fue el momento en que Pablo se reunió con el rey Agripa. Estalló la guerra entre Roma y los judíos, y el rey Agripa envió dos mil soldados para ayudar al general romano Vespasiano, salvándose así. Más adelante acompañó a Tito en algunas de sus campañas después de la guerra judía de siete años entre el 66 y el 73 d. C., cuando los judíos fueron forzados a dispersarse por todo el mundo. El templo y Jerusalén fueron arrasados por los romanos. Los romanos ejecutaron al apóstol Pablo durante la guerra entre los romanos y los judíos. Aunque era cristiano, Roma lo seguía considerando judío, pero como cristiano, esto hizo que Roma dudara un poco en considerar una facción de los judíos que no era nacionalista. Los fariseos, a los que Pablo pertenecía, lo harían un nacionalista, lo que representaba una amenaza para Roma, pero el hecho de que un fariseo se convirtiera a esta nueva secta podría haber intrigado a Roma como un modo de evitar la guerra.

¿Podría ser que, con la guerra pendiente, el rey Agripa viera una solución al problema judío con Roma? ¿Podría siquiera considerar convertirse en cristiano para influir en otros y quizá desviar una guerra? Supongo que nunca lo sabremos. ¿Y el corazón del rey Agripa? ¿Era tierno hacia Dios o simplemente político? Eso tampoco lo sabremos en este mundo; sin embargo, algún día lo sabremos.

22

EL PAPEL DE LAS MUJERES

"Pues Dios no es Dios de confusión, sino de paz. Como en todas las iglesias de los santos, vuestras mujeres callen en las congregaciones; porque no les es permitido hablar, sino que estén sujetas, como también la ley lo dice".
—1 Corintios 14:33-34

"Y Ana le respondió diciendo: No, señor mío; yo soy una mujer atribulada de espíritu; no he bebido vino ni sidra, sino que he derramado mi alma delante de Jehová".
—1 Samuel 1:15

Los bautistas del Sur toman 1 Corintios 14:33-34 de manera literal. Un argumento, aparte de un supuesto argumento bíblico de Pablo, es que la sinagoga judía ortodoxa excluye a las mujeres de sus servicios, y solo los hombres oran y adoran en la sinagoga.

Tal argumento muestra una falta de comprensión del papel de las mujeres según la perspectiva judía.

¿Consideraban tradicionalmente los judíos a las mujeres inferiores a los hombres? No, en absoluto. Los judíos aprendieron a orar de una mujer llamada Ana, que vivió hace tres mil años. Esto se encuentra en el libro de 1 Samuel, capítulo 1. Ella lloró delante del Señor en el templo, suplicando por un hijo. Llegó el sumo sacerdote Elí, bisnieto de Aarón, un hombre considerado el más santo de Israel. Él estaba profundamente inmerso en los misterios divinos del templo. Malinterpretó esta oración suprema, una oración en la que esta mujer derramaba su corazón ante Dios entre lágrimas, y supuso que estaba ebria.

Todo el modelo de oración en el judaísmo es femenino; los hombres no suelen llorar. No les gusta parecer débiles ni expresar sus sentimientos más internos. Además, no lo hacen cuando hay mujeres presentes, por lo que se separaba a las mujeres para permitir a los hombres una mayor libertad para orar. En la mentalidad semítica, las mujeres gobiernan cuando se trata de la oración.

Las mujeres ortodoxas no se sientan en el auditorio principal de la sinagoga con los hombres ni asisten al midrash con ellos, porque se las considera más espirituales que los hombres. Se cree y se enseña en el Talmud que las mujeres tienen una mayor medida de perspicacia espiritual porque deben dedicar su tiempo a criar a sus hijos para que teman a Dios. Los hombres deben estudiar la Torá entre ellos para ponerse al nivel de las mujeres.

Es muy improbable que Pablo estuviera hablando del servicio de adoración en 1 Corintios. Estaba tratando el aspecto comercial de la iglesia. Las iglesias seguían el modelo de la sinagoga, donde las mujeres estaban separadas de los varones porque no requerían el tiempo para estudiar la Torá y porque los hombres necesitaban expresarse libremente ante Dios. Como mencioné antes, no eran propensos a expresarse cuando las mujeres estaban presentes. Además, se creía que las mujeres tenían un conocimiento especial de Dios. Debían dedicar su tiempo a criar a los hijos y no podían pasar el tiempo que los hombres dedicaban al estudio de la Torá; sin embargo, las mujeres eran respetadas por su conocimiento. Según un artículo que leí de un rabino ortodoxo, esto se refleja claramente en la historia de Ana.

Cuando el sumo sacerdote Elí la acusó de embriaguez, ella dijo, "Lo, Adonai": No, mi señor. ¿Imaginas decirle algo así al papa? Tendrías que pasar por una decena de canales diplomáticos para corregir al papa, si es que consigues llegar tan lejos. Aquí está una mujer común declarando al sumo sacerdote de Dios que él está equivocado. ¿Qué tan insolente podría llegar a ser? Sin embargo, él no solo le creyó, sino que básicamente admitió su error al bendecirla. Un hombre nunca se saldría con la suya con un sumo sacerdote. Este sumo sacerdote respetaba a esta mujer porque entendía que ella tenía una relación con Dios que era muy diferente a la suya.

Si examinamos de cerca la cultura del primer siglo, la cultura de las mujeres semíticas y la naturaleza del judaísmo en sí mismo, obtendremos una comprensión diferente de 1 Corintios. Descubriremos que las mujeres no son consideradas inferiores, sino que serían mucho mejores en dirigir la adoración y alabanza que en organizar la comida comunitaria del sábado.

Entonces, ¿por qué Pablo les diría a las mujeres que guarden silencio en la iglesia si las mujeres eran respetadas y honradas por su visión espiritual? La palabra "silencio" en arameo es *shataq*, y en realidad es una palabra que significa cesar de argumentar. Pablo no les estaba diciendo a las mujeres que no predicaran ni enseñaran; les estaba enseñando a no discutir.

Recuerdo que un hombre me contó que él y su esposa estaban saliendo de un espacio de estacionamiento en su automóvil y, por accidente, chocó con el auto detrás de él. Él bajó y vio que no había daños, pero había un tipo enorme mirándolo fijamente que le gritó: "La próxima vez, ¿por qué no estacionas en mi asiento delantero?". El hombre inmediatamente se disculpó y dijo cuánto lo sentía; sin embargo, su esposa salió del auto y comenzó a decirle a su esposo: "¿Por qué le estás dejando salirse con la suya? No dañaste su auto; yo no soportaría esa actitud. Él debería aceptar tu disculpa". Mi amigo miró a su esposa y le dijo: "Calla, cariño, yo me encargaré de esto. Solo quédate callada". Le estaba diciendo a su esposa *shataq*, es decir que no discutiera.

Ana demuestra cómo una mujer puede ser muy emocional cuando intercede por su familia. La sinagoga era un lugar para la oración. El estudio de la Palabra de Dios se realizaba en un cuarto separado después de la oración, llamado midrash. Este espacio generalmente estaba reservado solo para los varones, pero en la iglesia primitiva mientras se formaban doctrinas sobre el rol de Jesús y su obra de salvación, se invitaba a las mujeres a unirse. Las mujeres participaban en el midrash. Sin embargo, Pablo descubrió que eso no funcionaba demasiado bien, ya que el midrash a menudo hablaba sobre asuntos personales, y las mujeres se ponían muy defensivas si sentían que su familia estaba siendo desestimada. Surgían discusiones. Pablo les decía: "Oigan, esperen hasta que lleguen a casa para discutir estos asuntos personales y simplemente *shataq*", es decir, no discutan cuando hablen de doctrina.

> *Dejad que los pecadores sean consumidos de la tierra, y que los impíos ya no existan. Bendice, alma mía, al Señor. Alabad al Señor.* (Salmos 104:35)

> *Que las mujeres guarden silencio en las iglesias; porque no les está permitido hablar, sino que estén sujetas, como también dice la ley. Y si quieren aprender algo, pregunten a sus maridos en casa; porque es deshonroso para la mujer hablar en la iglesia.* (1 Corintios 14:34-35)

Uno de los estudiantes de mi clase de traducción aramea compartió conmigo un pasaje del Talmud Berajot 10a. Hubo una vez unos ladrones que causaron muchos problemas al rabí Meir. El rabí Meir oró para que los ladrones murieran; sin embargo, su esposa Valeria (*Beruria* en arameo, que significa pureza, claridad, brillo e inocencia) le dijo a su esposo: "¿Cómo puedes creer que Dios permitiría tal oración?". El rabí Meir le respondió que estaba escrito: "Que los pecadores (*chatta'im*) lleguen a su fin". *Chatta'im* es un adjetivo correctamente traducido como "pecadores". Así está escrito en el texto masorético. Sin embargo, su esposa respondió: "En el Sefer Torá [los rollos de la Torá], la palabra es *chot'im* y es un participio presente. Si miras el contexto, al final dice: 'que los impíos no existan más'. Como todo pecado cesará, no habrá más impíos. Así que mejor ora para que se arrepientan".

Lo que me sorprendió fue que el esposo, un rabino, no reprendió a su esposa y le dijo: "¿Quién eres tú para instruirme sobre la Torá? Tú eres solo una mujer, no una erudita como yo". En vez de eso, cambió su oración como ella sugirió. Oró no para que Dios matara a esos hombres, sino para que los llevara al arrepentimiento. Esta mujer evidentemente dominaba la gramática hebrea y estudiaba los rollos de la Torá tanto como el texto masorético, posiblemente más que su esposo, un rabino.

Durante dos mil años la iglesia ha enseñado que las mujeres deben guardar silencio en la iglesia y no deben enseñar a los hombres. Esto contradice del todo las enseñanzas del judaísmo y de Pablo. ¿Cómo podría Pablo haber dicho que las mujeres no deben enseñar a los hombres cuando el Talmud claramente nos da un ejemplo de una mujer que instruye a su esposo, un rabino?

Por un lado, el judaísmo enseña claramente en el Talmud que una mujer puede instruir a su esposo en la Torá y hay ejemplos de cuando lo hace, como encontramos en Berajot 10a. Eso significaría que interpretamos mal a Pablo, o puede haber una pequeña diferencia de matiz en las traducciones.

El propósito de este capítulo es examinar la interpretación de Valeria de Salmos 104:35. Ella tiene razón, por supuesto. En el mundo cristiano, el texto masorético es casi considerado inspirado. El texto masorético no se desarrolló hasta 700 años después del nacimiento de Cristo. Antes de ese tiempo, el *niqqud*, que significa puntos o marcas para indicar vocales y dageshes, no se encontraba en el Sefer Torá. Esto fue introducido por una secta judía conocida como los masoretas, quienes lo desarrollaron para preservar el hebreo bíblico. El texto masorético, como se le conoce, convirtió a la Torá en un documento más preciso. En su afán de precisión, quitaron la ambigüedad del texto. Nosotros en el mundo occidental exigimos que dos más dos sea igual a cuatro, y el texto masorético nos da eso; sin embargo, eso no significa que los masoretas siempre fueron correctos en su conclusión. Muchos rabinos no confían en el texto masorético ni lo veneran como lo hacemos nosotros los cristianos. El texto masorético es incluso considerado por algunos solo como una paráfrasis de las Sagradas Escrituras. El Sefer Torá se considera el verdadero texto inspirado.

Cuando estaba en el instituto bíblico y en el seminario, el texto masorético siempre prevalecía sobre la Septuaginta en cualquier disputa. La Septuaginta es una traducción griega del Antiguo Testamento. Olvidemos el hecho de que es casi mil años más antigua que el texto masorético y, por lo tanto, debería ser más precisa. A nosotros, los cristianos occidentales, simplemente nos gusta que nuestros idiomas sean precisos. Se descubrió por los rollos del Mar Muerto que la Septuaginta es más precisa que el texto masorético.

Deberíamos ver Salmos 104:35 no como una instrucción para orar para que nuestros enemigos sean consumidos, muertos, o en hebreo *tammu*, que significa llegar a su fin o desaparecer. En cambio, como dijo Valeria, deberíamos orar para que nuestros enemigos se arrepientan. Jesús enseña lo mismo: "*Bendecid a los que os maldicen, y orad por los que os ultrajan*" (Lucas 6:28).

Entonces, ¿qué pasa con esto de que las mujeres guarden silencio en la iglesia y solo aprendan de sus esposos? Según este versículo en 1 Corintios, las mujeres ni siquiera deberían asistir a la iglesia ya que solo deben aprender de sus esposos, lo cual para mí significa que no pueden aprender de un pastor. Por supuesto, ningún pastor le va a decir a una mujer que se quede en su casa y deje que su esposo le enseñe. Ellos son los pastores, después de todo, y ellos son los que dan la enseñanza.

Debemos entender que cuando esto fue escrito, la iglesia estaba modelada según la sinagoga del primer siglo. En hebreo, la sinagoga es *bet knesset,* casa de la asamblea, o *bet tefilla,* casa de oración. Es un lugar para la oración y la lectura de la Torá. No es necesariamente un lugar de adoración. El Halajá enseña que la adoración puede llevarse a cabo en cualquier lugar y en cualquier momento donde haya un *minyan,* una asamblea de diez judíos. Algunas sinagogas tienen cuartos separados llamados *beth midrash,* o casa de estudio.

Al tratar de entender 1 Corintios 14 cometemos el error de imaginar nuestra iglesia moderna del siglo XXI en lugar de una sinagoga del primer siglo. Llamamos a nuestros servicios de iglesia servicios de adoración. La sinagoga es una casa de oración. El propósito principal de la sinagoga es ser un lugar consagrado para orar a Dios. Un servicio típico en la sinagoga consistirá en oraciones y lecturas de la Torá, siguiendo una selección semanal de la Torá llamada *parshah,* que en hebreo significa porción. Entonces, el rabino hará un breve comentario sobre esa porción de la Torá. También habrá una lectura del Haftará, que proviene de uno de los otros libros del Antiguo Testamento. Se ponen en pie y se postran muy a menudo, mostrando respeto por la Palabra de Dios y honrando la Palabra de Dios.

El rabino no es un predicador, ni siquiera un maestro como consideramos a un maestro en el mundo occidental. Él es el líder de su congregación y tiene la tarea de facilitar más que enseñar. Él es un consejero en la Torá y una persona a la que acudir para el conocimiento y la comprensión de la Torá.

Examinemos este pasaje en 1 Corintios a la luz de esta estructura de la sinagoga. Pablo probablemente se estaba refiriendo al *beth midrash,* donde los miembros de la congregación se reúnen después de un tiempo de oración. Es un foro mucho menos formal donde los miembros discuten sobre la Torá y el Talmud. A las mujeres se les permitía entrar en esta sala en la sinagoga/iglesia cristiana del primer siglo.

Pablo no está diciendo que las *mujeres* deben guardar silencio, pero la palabra en arameo, *anatta*, indica que las *esposas* deben guardar silencio. Gran diferencia. Deben guardar silencio en la *edita* o *adah* en su raíz semítica. Una *adah* se traduce libremente como iglesia, pero no es una iglesia en la terminología de hoy. Si Pablo hubiera querido decir iglesia, habría usado la palabra *qahal*, que significa una asamblea o congregación de personas. *Adah*, sin embargo, es un término legal para un lugar donde los testigos dan testimonio. Es un lugar donde todos son libres de expresar lo que han experimentado y visto. Sería un lugar y tiempo específicos; por lo tanto, probablemente sea la forma primitiva del *beth midrash*, donde todos pueden compartir sus opiniones e ideas sobre el significado detrás de un pasaje de la Escritura. Las mujeres deben guardar *shetheq* durante este tiempo. Sí, puede significar silencio, pero silencio en el sentido de no discutir un punto, no reprender, no llamar a alguien sapo y derrotarlo completamente sacándolo del agua.

Esto no significa que las mujeres no podían hablar o enseñar a otros. No podían reprender a sus esposos en un foro público cuando discutían sobre las Sagradas Escrituras. Entonces, ¿qué significa cuando dice que si quieren aprender algo le pregunten a su esposo? Me alegra que hayas hecho esa pregunta. La palabra "aprender" es *yileph* en arameo, que puede usarse para aprender, pero es más como un aprendizaje en el sentido de acostumbrarse a los procedimientos y el protocolo. En otras palabras, permitir que las mujeres asistan a un midrash con los hombres era algo nuevo y ellas no estaban familiarizadas con cómo se hacían las cosas, con los códigos no expresados.

Sería similar a un congresista de primer año. En los primeros meses en el cargo no está familiarizado con cómo se manejan las cosas y, a menudo, rompe los protocolos y procedimientos sin querer. Por lo general, una persona del Congreso de más antigüedad toma bajo su ala al novato y le enseña cómo se hacen las cosas correctamente. Esto es probablemente lo que Pablo quería decir acerca de una mujer que aprende de su esposo. El esposo debía enseñarle cómo conducirse en un midrash. El esposo debía ser su mentor, por así decirlo, en los caminos de *namusa*. *Namusa* se traduce libremente como leyes, pero en realidad significa procedimientos o costumbres.

En otras palabras, las esposas no debían hablar, sino que (en arameo *ela*) debían estar sujetas a las costumbres de la congregación. Para eso, sus esposos debían ser sus mentores (en las costumbres de la congregación) "porque es una vergüenza". Esa palabra "vergüenza" en arameo es *behatta*, que proviene de una raíz semítica que significa la inclinación de un árbol debido a la presión del viento. Tiene la idea de estar tan presionado que terminas creando confusión. Es decir, puede haber una discusión profunda sobre un pasaje de la Escritura, y la mujer, debido a su falta de experiencia, podría hablar sobre algo que no está en absoluto relacionado y causar que todo el punto de la discusión se vuelva confuso.

El contexto también parece sugerir una referencia a la profecía. Hay un momento y lugar para profetizar. Las mujeres estaban eligiendo el momento inadecuado para profetizar durante un midrash, causando confusión.

Interpretar estos versículos como un llamado a que las mujeres guarden silencio en la iglesia, no enseñen a los hombres, humildemente se callen y se sienten en la iglesia mientras los hombres dirigen todo, puede que no sea en absoluto lo que Pablo estaba señalando.

23

LAS PUERTAS DEL INFIERNO

"Y yo también te digo, que tú eres Pedro, y sobre esta roca edificaré mi iglesia; y las puertas del Hades no prevalecerán contra ella".
—Mateo 16:18

He escuchado muchos debates sobre si la roca sobre la cual se edifica la iglesia es Pedro, Jesús, o la confesión de fe de Pedro; sin embargo, nadie parece discutir o mostrar preocupación por lo que realmente son las puertas del Hades, que no prevalecerán contra la iglesia.

Nuestra primera suposición es que se refiere al infierno de fuego y azufre, lo que significaría que las fuerzas del mismo infierno y los seres demoníacos no pueden prevalecer contra la iglesia. Lo que me inquieta de esta interpretación es: ¿por qué llamarlo las *puertas* del Hades y no las *fuerzas* del Hades?

¿Cómo puede una puerta prevalecer contra algo, excepto contra alguien que intenta entrar o salir? ¿Por qué la iglesia intentaría entrar en el Hades? ¿Y por qué intentaría salir de él, si no estuviera allí en primer lugar?

No creo que "infierno" sea la mejor traducción aquí. En griego, la palabra es *hadou* o *Hades,* que se refiere a un lugar donde van los espíritus de los muertos hasta el día de la resurrección. En arameo, la palabra es *sheol,* que significa sepulcro; es decir, el lugar donde van los muertos. La palabra "puertas" es lo que genera un problema. En griego es *pylai,* que significa puerta o entrada, es decir, un acceso por el cual se entra o se sale. La palabra para "prevalecer" es *katischuo,* que es una palabra utilizada para dominar a alguien tomando la delantera. ¿La puerta del sepulcro o del lugar de los muertos no podrá dominar a la iglesia?

En arameo, la palabra para "puerta" es *tara'a,* que significa apertura, portal o pasaje. La palabra para "prevalecer" es *chasan,* que significa someter o vencer, al igual que en griego. Aun en arameo, esto no tiene mucho sentido. ¿Cómo puede un portal al sepulcro o al lugar de los muertos vencer a la iglesia? Parecen conceptos no relacionados, a menos que aceptemos la interpretación tradicional de que Jesús se refería a las fuerzas del infierno, pero me inquieta el hecho de que Él simplemente no dijo las fuerzas del infierno. ¿Por qué hablar en términos crípticos como las puertas del Hades?

El término "puertas del Hades" debió haber sido muy familiar para los judíos del primer siglo. Y, en efecto, lo era. Encontré numerosas referencias a esto en el Talmud judío, pero la que creo más relevante para este pasaje se encuentra en Baba Bathra 84a: "¿No es el sol rojo al amanecer y al atardecer? Es rojo al amanecer porque pasa por las rosas del jardín del Edén, y al atardecer porque pasa por la puerta del *sheol*".

En otras palabras, el sol es rojo cuando se pone por el Oeste porque refleja los fuegos del *sheol*, pero es rojo al salir porque refleja las rosas del jardín del Edén. El jardín del Edén se considera el lugar de descanso de las almas de los justos, mientras que *sheol* es el lugar de descanso de las almas de los injustos.

Para el judío del primer siglo, las puertas del Hades eran un símbolo del lugar de descanso de los injustos y de la muerte. Jesús bien pudo haber dicho que ni siquiera la muerte ni los ataques de los impíos detendrán a la iglesia. O quizá incluso estaba haciendo referencia a su propia muerte y posiblemente a la de los mártires posteriores, dando a entender que esto no detendría el avance de la iglesia.

De cualquier manera que lo veamos, ni la muerte, ni los ataques de los demonios, ni los impíos, ni siquiera la muerte del fundador de la iglesia, Jesús mismo, pueden detener a la iglesia, porque Jesús venció a la muerte.

24

CUARENTA DÍAS, CUARENTA AÑOS

"Y hablaron mal entre los hijos de Israel, de la tierra que habían reconocido, diciendo: La tierra por donde pasamos para reconocerla, es tierra que traga a sus moradores; y todo el pueblo que vimos en medio de ella son hombres de grande estatura".

—Números 13:32

Todos recordamos esta historia de la escuela dominical. Doce espías entraron en la tierra prometida y solamente dos regresaron con un buen reporte. En realidad, todos coincidieron en que era una tierra que fluía leche y miel, pero había gigantes en ella y sintieron que no podían conquistarla; sin embargo, los gigantes no eran lo único que les asustaba. Antes ni siquiera de mencionarlos, dijeron algo más: "una tierra que traga a sus moradores".

Ahora regresemos a estos espías. ¿Quiénes eran? ¿Eran realmente cobardes y pusilánimes? ¿Por qué tendrían miedo de los gigantes después de ver a Dios separar las aguas del Mar Rojo, proveer maná cada día, sacar agua de la roca y darles victoria sobre los amalecitas, quienes eran mucho más hábiles y poderosos en la guerra? Después de las señales milagrosas de Dios, ¿por qué seguirían teniendo miedo?

Los nombres de estos espías están listados en Números. Aprendí de los rabinos a no ignorar los nombres en la Biblia, porque a menudo contienen mensajes ocultos en las Sagradas Escrituras. Cuando Dios usa un nombre, lo hace con un propósito.

Los nombres de los diez espías que dieron un reporte negativo representan sus reputaciones:

> Samúa: Uno que es renombrado, celebrado, famoso. Hoy diríamos una estrella de rock.
>
> Safat: Un juez, alguien sabio y con profundo discernimiento.
>
> Igal: Uno que redime, que paga la deuda de otro.
>
> Palti: Uno que rescata a otro; un libertador. El tipo de persona que querrías a tu lado si te acosan.
>
> Gadiel: Mi fortuna está en Dios.
>
> Gadi: Uno que se aparta de algo, como alguien que elige a Dios sobre la fortuna.
>
> Amiel: Soy parte de la familia de Dios.

Setur: Un refugio, alguien que provee cobijo.

Nabí: Uno que entra en los secretos de Dios.

Guel: Uno que muestra la majestad de Dios.

Estos eran superhéroes, amados y honrados. Eran líderes de cada una de las doce tribus, que juraron obedecer la ley de Dios y hacer lo que Él les mandaba.

CALEB

La palabra "Caleb" podría leerse de dos maneras diferentes. Una es que significa "perro"; sin embargo, si leemos la primera letra que es una *Kap* como la preposición "como", entonces significaría "como tu corazón". Caleb era un espía que tenía un corazón tierno, como el de un perro doméstico, amoroso y leal. Caleb fue fiel a su pueblo. Mostró su corazón y su deseo de honrar a sus ancestros cruzando a la tierra de Hebrón, el territorio de los gigantes, para inspeccionar las tumbas de sus antepasados y asegurarse de que no estuvieran profanadas. Ninguno de los otros espías quiso correr el riesgo de cuidar las tumbas de sus antepasados a los que nunca conocieron. ¿Para qué molestarse? Sus ancestros llevaban más de doscientos años muertos y olvidados; sin embargo, para Caleb esas tumbas eran su legado, pues su pueblo había habitado en esa tierra. Estoy seguro de que Caleb trató de convencer a otros para que fueran con él, pero nadie quiso arriesgarse. Al fin y al cabo, había gigantes en esa tierra.

Por lo tanto, Caleb fue solo. Fue uno de los dos espías que llevaron un buen reporte al regresar. Su corazón tierno no podía ir en contra del mandato de Dios de conquistar la tierra, incluso si parecía que estaban en desventaja. Esa era la tierra de su pueblo, y estaban enterrados allí. Esa tierra pertenecía a Caleb y su futura generación. Los otros espías solo la veían como un lugar donde podían vivir libres de la esclavitud. No entendían la promesa dada a sus antepasados sobre esa tierra.

Muchas veces, cuando dudo de Dios o tengo miedo y me pregunto si Dios estará a mi lado para protegerme, reflexiono en las historias de mis antepasados, tal vez como lo hizo Caleb. Recuerdo las historias de mi abuelo en la Primera Guerra Mundial, cuando estaba en una trinchera con otro soldado cuando explotó una bomba. El cuerpo de su compañero quedó destrozado a solo centímetros de él por la explosión, pero mi abuelo solo sufrió una esquirla en un oído. La herida de guerra le causó sordera en ese oído, recordándole siempre la providencia de Dios. Dios lo sostuvo en esos tiempos.

Quizá, al reflexionar sobre todas estas historias familiares, la fe de Caleb se fortaleció y cobró valentía para regresar a la tierra de su pueblo, sin importar los gigantes o el hecho de que la tierra pudiera consumir a sus habitantes. Me imagino a Caleb orando a Dios sobre las tumbas de sus antepasados, con una oración que yo mismo he elevado a Dios muchas veces: "Si lo hiciste por aquella generación, lo harás por la mía. Estoy listo para pelear cualquier batalla a la que me guíes, incluso si es contra gigantes".

JOSUÉ

Hubo otro hombre que también estaba decidido a luchar la batalla. Ese hombre fue Josué. Su nombre en realidad era Oseas, pero justamente antes de partir en su misión de espionaje, Dios, a través de Moisés, cambió su nombre de *Oseas* ("el que salva") a *Yashua* ("el que salvará"). Es curioso que Dios solo cambió el nombre de un espía, quien, además, fue el que dio un buen reporte. Josué era la mano derecha de Moisés; subió al monte con él. Cuando Moisés estaba en la tienda de oración, Josué estaba con él y permanecía allí para seguir orando incluso después de que Moisés se marchara. Dios cambió el nombre de Oseas a *Yashua* como una señal para todo el pueblo de que, a pesar del reporte negativo sobre los poderosos ejércitos, Dios los libraría. Creo que también fue una señal de la venida de otro Yashua o Josué, uno que guiaría a todo su pueblo a otra tierra prometida: el reino de Dios, al cual ningún hombre puede entrar sino a través de Yeshua HaMashiaj, Jesucristo, Jesús el Mesías.

Todos estos hombres que fueron enviados a espiar la tierra eran hombres moralmente íntegros, justos, santos, hombres como nuestros evangelistas de televisión y predicadores. Si ellos decían que había gigantes que podían cortarte la cabeza de un solo tajo, pues, ¡era cierto! Si la mayoría de los hombres altamente respetados y con credenciales, como los otros diez espías, decían que era demasiado peligroso entrar en la tierra prometida, entonces lo era. Olvídate del hecho de que Dios cambió el nombre de uno de los espías de "Dios salva" a "Dios salvará" justo antes de que partieran a explorar la tierra. ¡Obviamente, dejó que el cambio de nombre se le subiera a la cabeza! Olvídate de que uno de los espías, Caleb, entró en la tierra de los gigantes para rendir homenaje a sus antepasados. No, la mayoría de estos hombres respetados y justos dijeron que era demasiado peligroso y mortal.

El pueblo no escuchó aquel reporte minoritario de Josué y Caleb. Se acabó el maná del cielo y también la protección contra el calor abrasador del desierto que proporcionaba la nube. Tendrían que trabajar bajo el sol ardiente, arar los campos, sembrar semillas, y cosechar su propio alimento. Sus vidas ya no consistirían en sentarse a estudiar la Torá, cantar y disfrutar del aire acondicionado de la nube de gloria. No, iban a enfrentarse con ejércitos y con gigantes. Eligieron escuchar las mentiras generalizadas de los diez espías: el reporte mayoritario de los expertos. No solo se negaron a entrar en la tierra, sino que también comenzaron a quejarse y a llorar. "*¡Hubiera sido mejor para nosotros servir a los egipcios que morir en este desierto!*" (Éxodo 14:12). Preferían ser esclavizados en Egipto antes que enfrentar en aquella tierra las posibilidades que reportaron las noticias de los diez espías.

Una vez allí, tendrían que trabajar por su comida. Sus comunidades se dispersarían y su fama sería olvidada. La tierra los devoraría. La palabra "devorar" es *achol* en hebreo, que significa consumir o absorber por completo. En otras palabras, cuando la gente tuviera que trabajar por su pan diario, ya no tendrían tiempo para honrar a sus estrellas religiosas. Estos espías no solo tendrían que trabajar, sino que su ocupación anterior se volvería insignificante.

Después de un día de reflexión, algunos entre el pueblo decidieron que estaban equivocados y que debían entrar en la tierra prometida, por lo que reunieron un ejército para hacerlo. Pero era demasiado poco y demasiado tarde. Dios no estaba con ellos, y fueron derrotados. Hoy en día hay muchos cristianos que buscan derrocar al nuevo gobierno, pero están siendo rechazados. Quizá Dios está diciendo lo mismo que dijo hace cuatro mil años: "Aún no están listos. Necesitan regresar al desierto para aprender la verdadera fe, experimentar un avivamiento y una reforma".

Estos espías pasaron cuarenta días explorando la tierra. Tuvieron cuarenta días para considerar cuán grande era aquella tierra en comparación con su pequeña comunidad en el desierto, donde ellos eran las estrellas. Sabían que podían destacar en el pequeño estanque de su comunidad cerrada, pero si colocaban al pueblo en el océano de la tierra prometida, desaparecerían en la insignificancia.

Caleb y Josué reportaron que era una buena tierra, pero que requeriría mucho trabajo cultivarla, despejarla, construir hogares permanentes, y luego enfrentarse a los gigantes. Tal vez los comentaristas judíos estén equivocados, tal vez yo esté equivocado, pero no creo que estos espías tuvieran miedo de los gigantes. Su gran pecado no fue el temor de ir a la batalla. Su miedo era ser etiquetados como "Señor Irrelevante". Tenían una última oportunidad de usar su influencia, y lo hicieron. Crearon un clima de miedo entre el pueblo. Tal vez las cosas no estaban tan mal en el desierto; allí Dios les proveía comida, atención médica, educación, dinero, nubes y fuego para protegerlos de día y de noche.

Entonces, ¿qué sucedió con estos espías? Pues bien, enfrentaron un destino muy indeseable. El pueblo obtuvo lo que quería: pasaron el resto de sus vidas en el desierto, viviendo del maná y del agua que brotaba de la roca. Hubo algunos que dijeron: "Moisés, cometimos un error. Escuchamos a estos hombres y ahora no son más que cenizas. Estamos listos. Vamos a tomar la tierra". Pero Dios le dijo a Moisés: "Es demasiado tarde; el pueblo no está al cien por ciento unido en esto, y sin unidad no habrá victoria. Diles que no vayan. No los protegeré, no puedo protegerlos cuando todo el campamento está en rebelión". Pero ellos eran *ma'apilim,* desafiantes. Eran como esos pastores que les dicen a sus fieles: "Si no les gustan mis sermones y mi estilo, váyanse. Construiré esta iglesia con personas que me respalden". Ese tipo de mentalidad produce sectas.

No, Dios quería que todo el pueblo estuviera unido bajo sus alas. Cuando Josué recibió el liderazgo, Dios ordenó que todos se sometieran a él. Si no lo hacían, serían condenados a muerte. Tal como sucedió, había quienes apoyaban a Moisés, otros que tenían el espíritu *ma'apilim*: de desafío contra Moisés, algunos que seguían a sus héroes, y otros que simplemente iban por su propio camino.

Aquellos que pensaron que podían tomar la tierra en medio de la desunión y rebelarse contra el propio Dios sufrieron una gran derrota al intentar entrar en la tierra. Dios busca unidad, pero solo la unidad que está centrada en Él y no en alguna celebridad.

Algo que realmente me llama la atención cuando observo el judaísmo es que son tan diversos en sus doctrinas, teologías y puntos de vista acerca de Dios como lo somos los cristianos; sin embargo, siguen siendo judíos; siguen siendo una familia. Cuando las cosas se ponen difíciles, se unen. No son primero ortodoxos, conservadores o reformistas; son primero una familia.

Una vez más, el pueblo judío es un modelo para nosotros los cristianos. Podemos ser muy diversos en nuestras creencias y doctrinas, pero debemos recordar que seguimos siendo hermanos y hermanas en la familia de Dios. Nuestra supervivencia dependerá de esa unidad, al igual que ocurre con el pueblo judío.

25

LA CREENCIA JUDÍA SOBRE EL CIELO

"Caminó, pues, Enoc con Dios, y desapareció, porque le llevó Dios".
—Génesis 5:24

Recuerdo cuando era estudiante en el Instituto Bíblico Moody. Era la única universidad cristiana evangélica acreditada de pregrado que ofrecía una especialización en Estudios Judíos (anteriormente llamada Evangelismo Judío). En esta especialización solo había cinco estudiantes, y todos teníamos asignaciones para trabajar con misiones judías e iglesias mesiánicas locales, lo que nos permitía sumergirnos en la fe y la cultura judía. Había un estudiante en nuestro grupo que estaba en su último año y estaba a punto de obtener su título acreditado en Evangelismo Judío. Era un estudiante dedicado y se convirtió en una especie de mentor para todos nosotros. A menudo nos llevaba a la sinagoga local, donde conocíamos a los rabinos y aprendíamos de primera mano muchas cosas sobre el judaísmo.

También recuerdo estar sentado en un servicio en la sinagoga cuando nuestro mentor se inclinó hacia mí durante la recitación del Kadish de duelo, en la que se leen los nombres de todos los miembros que han fallecido. Me susurró: "Esta es la parte más triste del servicio". Más tarde le pregunté al respecto, y me dijo que era triste porque no tenían esperanza; no creían en el cielo. Eso me sorprendió, y con los años a menudo me cuestionaba al respecto. Preguntaba a los rabinos si creían en el cielo, y la respuesta usual era: "No como tú crees", y entonces dejaban el tema.

Finalmente, decidí investigar a fondo para descubrir qué creen realmente los judíos sobre el cielo, y si realmente creían en el cielo desde un principio. Me resultó difícil encontrar material definitivo sobre este tema, ya que existe una gran variedad de creencias sobre la vida después de la muerte entre los judíos. Es cierto que algunos judíos no creen en una vida después de la muerte; de hecho, algunos ni siquiera creen en Dios. Así como en el cristianismo tenemos una amplia gama de doctrinas y creencias, los judíos también tienen una gran diversidad de creencias.

En el cristianismo tenemos básicamente tres ramas: el fundamentalismo, el evangelicalismo, y el liberalismo.

Los fundamentalistas son aquellos que tienen una visión muy estricta de la Escritura y se aferran firmemente a los fundamentos de la fe, como el nacimiento virginal, el bautismo en agua por inmersión, la divinidad de Jesús, y la Biblia como la Palabra de Dios inspirada e infalible. También tienen opiniones estrictas sobre cosas como el baile, el tabaco, el alcohol y la asistencia a teatros, los cuales consideran pecaminosos. Tienden a ser muy exclusivos y no aceptan a quienes son carismáticos, hablan en lenguas, o creen en la sanidad por fe y la profecía. Son el grupo al que a Hollywood le gusta ridiculizar, representándolos vestidos con trajes negros, camisas blancas y corbatas, cargando una gran Biblia Scofield.

Los evangélicos son bastante similares, pero no son tan estrictos con pecados que no se mencionan en la Biblia, como el tabaco o las películas. No son tan exclusivos, y aceptan a los carismáticos y a los pentecostales que hablan en lenguas y se mueven en los dones del Espíritu como hermanos en la fe. Sostienen firmemente las doctrinas fundamentales de la fe, como la inspiración de la Escritura, la divinidad de Cristo, y su nacimiento virginal. Ambos grupos tienen la creencia común de que la salvación y el camino al cielo dependen de una decisión de aceptar a Jesús como Salvador personal y rendirle la vida. Los fundamentalistas creen que se debe señalar un momento y lugar específicos en los que se tomó esta decisión y se hizo una oración concreta para recibir a Jesús como Salvador. Los evangélicos creen que puede haber un momento y lugar específicos en los que se tomó esta decisión, pero que también pudo ser un proceso gradual. En otras palabras, puede que haya un punto exacto en el que se recibió a Jesús como Salvador, pero si no se puede identificar con certeza, lo importante es que en el presente se confía en Jesús para la salvación y se cree que Dios ha cubierto todos los pecados con su sangre.

Los liberales cuestionarán si la Biblia es realmente la Palabra inspirada de Dios, si Jesús es verdaderamente Dios encarnado, y si en verdad nació de una virgen. Algunos incluso cuestionan si Dios realmente existe. También ponen en duda la existencia del cielo, y la mayoría no cree en el infierno. Este grupo se encuentra mayormente en las costas Este y Oeste de Estados Unidos, enseñando en los departamentos de religión de universidades y escuelas seculares.

El judaísmo puede dividirse en tres grupos, al igual que el cristianismo. El judaísmo reformista es similar a los liberales dentro del cristianismo. Sus seguidores cuestionan la existencia del cielo y el infierno, la inspiración de la Escritura, e incluso algunos dudan de la existencia de Dios. Después están los judíos conservadores, quienes creen en la inspiración de la Escritura o la Torá. Algunos consideran que los libros sagrados como el Talmud y el Midrash son autorizados pero no inspirados, y creen en una vida después de la muerte. Los judíos ortodoxos constituyen el tercer grupo y, al igual que en el cristianismo, existen muchas divisiones dentro del mismo. Son similares a los fundamentalistas y tienen una visión estricta de la Torá, considerando el Talmud y el Midrash como textos autoritativos.

Permíteme compartir una regla cardinal sobre la vida después de la muerte que todos los judíos sostienen. Los judíos no hablan sobre la vida después de la muerte. Esta razón es muy importante que los cristianos la comprendan y la consideren seriamente en relación con su fe. Un rabino me explicó que hablar sobre ella, soñar con ella y esperar en ella podría hacer que sirvas a Dios por razones egoístas. Servirías a Dios no por amor, sino porque intentas ganarte un lugar en la vida después de la muerte.

Hay una historia de un rabino al que un hombre le pidió que orara por él para un pedido específico. El hombre pensaba que probablemente Dios escucharía mejor a un rabino que una persona común. El rabino aceptó presentar la solicitud del hombre a Dios. Dios le dijo al rabino que concedería la petición del hombre solo si el rabino aceptaba renunciar a su lugar en la vida después de la muerte. El rabino aceptó, y le dijo al hombre que Dios concedería su petición. Luego le dijo al hombre el precio que él debía pagar para que su petición fuera concedida, que era renunciar a su lugar en la vida después de la muerte. El hombre se opuso y dijo: "No, rabino, nunca le habría pedido que hiciera algo así". El rabino respondió: "No entiendes, yo quería hacerlo. Toda mi vida me pregunté si estaba sirviendo a Dios solo para asegurarme un lugar en la vida después de la muerte. Ahora que sé que no tengo herencia en la otra vida, puedo saber con certeza que sirvo a Dios por amor a Él".

Eso es algo en lo que cada cristiano debería reflexionar. ¿Estás sirviendo a Dios por amor, o hay algo en el fondo de tu mente que te hace pensar que debes asegurarte de asistir a la iglesia todos los domingos, diezmar, estudiar la Biblia, e incluso dar testimonio de vez en cuando solo para asegurar tu hogar en el cielo? Verás, hay dos razones por las cuales la salvación es un regalo gratuito, no por obras (ver Efesios 2:8-9). Una de ellas es, como dice Pablo, para que no te jactes de tu piedad. La segunda es que aprendas a servir a Dios como los judíos, por amor, y no para sobornar tu camino hacia el cielo con buenas obras.

Para el judío promedio, la creencia en la vida después de la muerte es fundamental para el judaísmo. Al igual que el cristianismo, comienza con lo que se conoce en hebreo como la *Neshamah*. Esto es lo que Dios sopló en el hombre: el alma inmortal que Dios nos dio a nosotros y a ninguna otra criatura de su creación. Los judíos lo llaman una chispa de lo divino. Todo en el mundo natural se descompondrá y se desintegrará, incluidos nuestros cuerpos en la tumba; sin embargo, el alma del hombre, la *Neshamah*, es esa chispa eterna que Dios colocó dentro de nosotros y que nos hace inmortales y causa que vivamos para siempre.

Ahora bien, hay una secta de los judíos, que incluye principalmente grupos judíos ortodoxos como el Chabad, que cree que la creación de almas ha cesado y que todas las almas regresan a otro cuerpo después de que este muere. Eso se llama reencarnación. Esta es una antigua creencia en el judaísmo que Jesús desmintió en Juan 9 cuando los discípulos preguntaron quién pecó para que ese hombre naciera ciego, él o sus padres. ¿Cómo podría el hombre haber pecado antes de nacer y por qué ese pecado haría que fuese ciego? Se cree que esto hace referencia a la enseñanza judía de la reencarnación en los tiempos de Jesús, una enseñanza que era cuestionada por muchos eruditos judíos y no era ampliamente creída.

Como dije, el judaísmo no significa: "haz esto y obtienes una entrada al cielo". La Mishná enseña que uno no debe ser como "siervos que sirven a su maestro por una recompensa" (Avot 1:4). Se debe seguir la verdad por el bien de la verdad. Hacer la voluntad de Dios no es como una tarjeta de control, donde mientras más sellos obtienes, mejores son tus posibilidades de ganar una entrada al cielo.

Algunos judíos creen que nuestro objetivo final no es llegar al cielo, sino traer el cielo a la tierra. Para ellos, el verdadero cielo es lo que sucede aquí abajo como el fruto del trabajo colectivo de los judíos a lo largo de la historia. Esta secta de judíos cree que el mundo mejorará constantemente hasta que llegue la era mesiánica. Por razones obvias, esto es un poco difícil de aceptar.

Más alineada con el pensamiento judío está la situación cuando el criminal en la cruz le pidió a Jesús que lo recordara y Jesús le dijo: *"Hoy estarás conmigo en el paraíso"* (Lucas 23:43). Aquí se nos da una imagen de la comprensión judía de la vida después de la muerte. Hay un lugar llamado *pardes* en arameo o paraíso en español.

Lo que tenemos que hacer aquí es entender el lenguaje judío para la vida después de la muerte. Los judíos no suelen hablar del cielo. En su lugar, hablan de *Gan Eden* o el jardín del Edén, que también se conoce como paraíso. Este es el lugar al que van las almas mientras esperan la resurrección y el regreso a su vida corpórea. La fase final o la fase eterna es *Olam Ha Ba* o el mundo venidero, es decir, el nuevo mundo que Dios reparará y perfeccionará. En este punto, todas las almas regresarán a un cuerpo corpóreo a través de la resurrección para experimentar los frutos de su trabajo. Probablemente sea mejor seguir su línea de tiempo:

1. Nuestro mundo actual: ese es el aquí y ahora mientras escribo esto en este reino físico.
2. El jardín del Edén: ese también es ahora, pero en otra dimensión.
3. La era del Mesías: también está aquí, pero no ahora.
4. Resurrección de los muertos: la etapa final de la era mesiánica.
5. El mundo venidero: posresurrección de los muertos.

Aquellos que son estudiantes de la profecía bíblica encontrarán que esto no es tan diferente de lo que creemos. Vivimos en este mundo actual, pero cuando morimos vamos a un lugar que llamamos cielo y los judíos llaman el jardín del Edén o paraíso, que es una especie de hogar de retiro para nuestras almas mientras esperan la siguiente fase. La gran diferencia es que los judíos creen que el jardín del Edén existe en esta tierra, pero en un reino o universo paralelo. Muchos judíos creen que es posible que aquellos que viven en ese ámbito del jardín del Edén puedan atravesarlo y reingresar a este mundo como lo hizo Samuel (ver 1 Samuel 28:3-25); sin embargo, se considera una experiencia dolorosa para los que han partido. Pero seguimos estando en la misma página que los judíos; una vez que dejamos este cuerpo físico, nuestras almas eternas irán a un lugar que nosotros llamamos cielo y ellos llaman el jardín del Edén.

Luego llega la era del Mesías. Creemos que comenzó hace dos mil años atrás con Jesús; los judíos aún esperan que llegue. Por lo tanto, aquí nuestros caminos toman una ligera divergencia, pero nuevamente se entrelazan en la siguiente fase, que es la resurrección de los muertos, pero luego esto se divide en diferentes direcciones de escatología. Hay muchas opiniones: premilenialismo, posmilenialismo, amilenialismo, pretribulación, postribulación, y así sucesivamente. Hay una creencia entre los cristianos de que habrá un periodo de tribulación de siete años antes del final de nuestra era mesiánica; sin embargo, al final de los siete años nuevamente nos encontramos con la creencia judía de la era del Mesías. Ellos creen que la era del Mesías es un periodo de mil años, como lo llamamos los cristianos, y esto viene con la resurrección de los muertos. Entonces, al final de eso, llega la fase final donde Dios recreará la tierra, el jardín del Edén regresará a la tierra (o en la enseñanza cristiana, el cielo descenderá a la tierra), y disfrutaremos de una eternidad en un nuevo cielo y una nueva tierra.

Así que, en un sentido real, nuestra visión del cielo no es tan diferente de la posición judía. En última instancia, terminaremos con nuevos cuerpos incorruptibles para disfrutar de una eternidad con Dios.

Lo más importante que he aprendido del judaísmo, sin embargo, es que no estoy sirviendo a Dios, diezmando, asistiendo a la iglesia, y viviendo una vida justa para ganarme un lugar en el cielo. Mientras vivo en esta tierra anticipo un hogar en el cielo basado en la obra terminada de Jesucristo y no en las buenas obras que yo haga aquí. Sin embargo, estoy enfocado en cumplir mi rol, la misión para la que Dios me creó aquí en la tierra.

26

EVANGELISMO AL ESTILO DEL ANTIGUO TESTAMENTO

"Que perdones ahora su pecado, y si no,
ráeme ahora de tu libro que has escrito".
—Éxodo 32:32

"Porque deseara yo mismo ser anatema,
separado de Cristo, por amor a mis hermanos,
los que son mis parientes según la carne".
—Romanos 9:3

Los judíos no practican el ganar almas; sin embargo, la propia naturaleza de ser judío es básicamente evangelística. La comprensión judía de ser el pueblo elegido es que fueron escogidos para llevar al mundo el conocimiento de Dios Jehová. De ahí su confesión: "*Oye, Israel: Jehová nuestro Dios, Jehová uno es*" (Deuteronomio 6:4). Han luchado durante más de cuatro mil años para mantener una creencia en un solo Dios. La guerra macabea fue la primera guerra registrada por razones ideológicas, para mantener una fe monoteísta. En cierto sentido, los judíos fueron nuestros primeros evangelistas.

Yo crecí en una iglesia bautista fundamentalista donde ganar almas era tu tarea principal. Me dijeron que si no confesabas a Jesús delante de los hombres, Él no te confesaría delante de su Padre.

> *"A cualquiera, pues, que me confiese delante de los hombres, yo también le confesaré delante de mi Padre que está en los cielos. Y a cualquiera que me niegue delante de los hombres, yo también le negaré delante de mi Padre que está en los cielos".* (Mateo 10:32-33)

El versículo realmente dice: "si me niegas delante de los hombres, serás negado delante del Padre". Pero yo era solo un niño y creía todo lo que los predicadores me decían, aunque malinterpretaran la Escritura. En ese momento nunca pensé en comprobar lo que decían; sin embargo, ser negado por el Padre era igual de malo, incluso peor. Como niño, realmente no entendía lo que significaba, pero sabía que era algo malo. No quería ir al infierno, y podía deducir que si Jesús no me confesaba o me negaba ante el Padre, esa era una forma segura de terminar allí.

Los predicadores me dijeron que primero significaba que debías pasar al frente en la iglesia cuando se daba la invitación al final de un servicio. Eso se hacía para mostrar lo que ellos llamaban una confesión pública o una profesión de tu fe. Nunca estuve muy seguro de qué palabra aplicaba, ya que escuchaba ambas. Si fuiste salvo en tu tiempo privado o a solas, necesitabas hacer una confesión pública o tu salvación aún no estaba certificada. Al ser un niño tímido y retraído, tardé muchos días y semanas en reunir el valor para caminar hacia el frente en la iglesia. Supuse, por los sermones del predicador, que mi salvación no estaba completa hasta que hiciera esa confesión pública. Con mi valor intacto, fui hacia el frente en la iglesia. Sorprendentemente, descubrí que había obtenido un estatus de celebridad instantáneo en nuestra pequeña iglesia, e incluso el predicador presumió en un sermón de que yo había recibido a Jesús sentado en un aula escolar. Si hubiera sabido que tal honor se otorgaba al hacer una profesión pública, lo habría hecho antes, con mucho más estilo dramático.

Por un tiempo sentí que había alcanzado la salvación completa y que estaba de camino al cielo, cuando encontré otro obstáculo. Oí a un predicador enseñar sobre evangelismo y usar esos mismos versículos para aplicarlos al testimonio. Señalaba con el dedo hacia nosotros y decía: "¿Estás avergonzado de Jesús?". Yo quería gritar "¡no!", excepto que él inmediatamente añadía: "Si no eres testigo o compartes el evangelio con tus amigos y compañeros en la escuela, ¿a qué se debe? ¿Podría ser que la única razón sea que estás avergonzado de Dios?". Bueno, esa no era realmente la razón para no compartir mi fe. Solo era demasiado tímido y asustadizo. Ya era el objetivo de los acosadores en la escuela, y tenía muy pocos amigos. Eso habría sido lo único que necesitaba: comenzar a tratar de evangelizar a mis compañeros. Era aún peor que la chica popular y bonita, que parecía sentarse siempre frente a mí en el salón de clase, nunca hablara conmigo si comenzaba a hablar de religión. Nunca inició una conversación durante los doce años combinados de primaria y secundaria. Más tarde supe, no sé de qué fuente, que su papá era un predicador pentecostal. Por lo tanto, supongo que lo mejor era que ella estuviera totalmente fuera de mi alcance. Quiero decir, después de saber que era pentecostal, supe que si por algún milagro se fijaba en mí, no habría futuro en eso. Esos pentecostales hablaban en lenguas, y mi pastor decía: "Mantente alejado de esa cosa. Ese asunto de las lenguas es del diablo". Me sentaba frente a ella preguntándome si esos demonios se me pegarían; sin embargo, me costaba creer que alguien tan linda, dulce y adorable pudiera estar tan hechizada por esa cosa demoníaca: hablar en lenguas. Pero esos eran los tiempos en los que yo creía que todo lo que se decía desde el púlpito de nuestra iglesia era la palabra inspirada e infalible de Dios.

Viví muchos días con miedo, pensando que moriría e iría al infierno, o peor aún, que ocurriría el rapto y me quedaría atrás. Pero esto del evangelismo era un desafío difícil de enfrentar. Hice algunos intentos débiles, fracasé miserablemente, y todavía me sonrojo al recordar el ridículo que hice. No estaba seguro de cuántos testigos se necesitaban para calificar para la salvación o cuántas almas debías ganar. Me imaginaba que Dios debía de haber asignado a algún ángel con una gran pluma, llevando la cuenta de todos nuestros intentos de testificar y registrando todas las almas que habíamos ganado.

Tenía pesadillas con morir y llegar ante las puertas del cielo, donde me recibía San Pedro con una lista en la mano: "Veamos... ¿Oración del pecador? OK, check. ¿Arrepentimiento con tristeza piadosa? Cuestionable. ¿Bautismo? Check, también. ¿Asistencia regular a la iglesia? ¡Wow... check! ¡Y con puntos extra! ¿Estudio diario de la Biblia?

Mmmm... Disculpa, necesito hacer una llamada a la oficina ejecutiva... "Oye, Gabriel, ¿el 70 % es suficiente para pasar?".

Lo siento,,, acá no pondré un check. ¿Oración diaria? Veamos... Mucho "Señor dame" y poca obligación para los demás. Sin check. ¿Testificar? ¡Vaya! Necesito hacer otra llamada...

"Hola, ¿tinieblas de afuera? ¡Ajá! Tengo otro para ti. Sí, otro que intenta colarse aquí diciendo que es un buen bautista".

Muchos años después, tras la escuela de posgrado comencé a hacer amistad con rabinos y a estudiar sus escritos. Después de todo, ellos son el pueblo escogido y el pueblo de la Biblia. Descubrí que no estaban interesados en nuevos conversos. De hecho, hacían todo lo posible para desalentar a la gente de convertirse. Nunca quise convertirme, pero ciertamente envidiaba su falta de evangelismo. A menudo reflexionaba sobre cuán maravilloso sería formar parte de una religión en la que no estuvieras obligado a ganar conversos.

Aun así, me sentí atraído por las enseñanzas del judaísmo. Pude encontrar un hogar para muchas de ellas dentro de mi propia fe cristiana, lo cual, curiosamente, hacía sonreír a ciertos rabinos. Me encontré con algunas enseñanzas sobre evangelismo en el Talmud y el Midrash que me dieron una perspectiva completamente nueva sobre el evangelismo. Después de compartirlas contigo, apuesto a que estarás de acuerdo en que es algo que los cristianos evangélicos realmente necesitamos adoptar, en particular en este momento de nuestra historia.

El Talmud y el Midrash señalan que, al principio, no hubo intentos de evangelismo. El más probable para evangelizar habría sido un hombre llamado Enoc. *"Caminó, pues, Enoc con Dios, y desapareció, porque le llevó Dios"* (Génesis 5:24). Era el tataranieto del primer hombre, Adán. Caminó con Dios, conoció a Dios personalmente, y se dedicó por completo a Él. Probablemente fue el único justo sobre la tierra en ese tiempo, aparte de Noé. El resto del mundo había abandonado a Dios hasta el punto de que Él envió un diluvio para destruir a la humanidad. La tradición judía enseña que Enoc fue el séptimo patriarca y que vivió en aislamiento porque el mundo podría haberlo corrompido fácilmente. Fue llevado al cielo a la edad de 365 años, mientras que otros vivían entre 800 y 900 años. Vivir en aislamiento significaba que no tuvo ninguna influencia sobre el mundo, y dejó este mundo sin haber ganado ni un solo converso. Ni siquiera oró por la gente.

Cuando era niño no tuve ninguna influencia espiritual en ninguno de mis compañeros, ni siquiera en mi amor de la escuela. Estaba demasiado aterrado como para advertirle sobre esas cosas demoníacas, como hablar en lenguas. Me mantenía apartado, y quizá con razón. Estaba tan desesperado por ser aceptado que fácilmente habría caído en corrupción. Si mi amor escolar se hubiera fijado en mí y me hubiera mirado con esos tiernos ojos azules, habría comenzado a balbucear en lenguas veinte años antes de juntarme con esa pandilla. Ni siquiera me molesté en orar por mis compañeros de escuela, aunque sí recordé orar por ella.

Ahora aparece un hombre llamado Noé, bisnieto de Adán y décimo patriarca, quien halló gracia ante los ojos del Señor (ver Génesis 5–9). Noé obedeció y construyó un arca tal como Dios le ordenó, y, a diferencia de su tatarabuelo Enoc no se escondió, sino que fue fiel en advertir al pueblo sobre el diluvio que llegaría. No fue un evangelista exitoso, pues sus únicos conversos fueron los de su propia familia.

El evangelismo de Noé no fue más que una obligación y el cumplimiento de un deber. No hay registro de que ni siquiera orara por la gente.

Después del diluvio apareció un hombre llamado Abraham. Ahora bien, Abraham fue nuestro primer evangelista. Según el Midrash, él estableció un hospedaje y una cafetería. Los viajeros cansados se detenían allí para disfrutar de una buena comida y una cama caliente. Cuando las personas iban a darle las gracias por su hospitalidad, Abraham les decía: "Oh, no me des las gracias a mí, dáselas a Dios". El Midrash enseña que él siempre trabajó para poner el nombre de Dios en los labios de los extraños a quienes servía. Abraham obtuvo muchos conversos; oraba por las personas y demostraba interés por ellas y por sus necesidades. Sin embargo, aun así, solo estaba promoviendo el nombre de Dios porque sentía la obligación de hacerlo. Aunque oraba por la gente, realmente no tenía que hacer ningún sacrificio por aquellos a quienes evangelizaba.

Cuando me cambié al Moody Bible Institute, ya le estaba agarrando el ritmo a eso del evangelismo. Podía evitar la vergüenza participando en Child Evangelism Fellowship, Awana, y las misiones de rescate locales. Aquí, los pecadores venían a nosotros y yo no tenía que hacer evangelismo de puerta en puerta. Tuve muchos conversos. Me importaban los niños y sentía compasión por ellos. Disfrutaba dándoles refrigerios y haciéndoles pasar un buen rato. Oraba sinceramente por ellos, ya que provenían de vecindarios empobrecidos y azotados por el crimen. Viajábamos con seguridad a esos vecindarios en grupo y solo trabajábamos durante el día, cuando era seguro. Todavía estaba cumpliendo con una obligación.

Finalmente, llegamos a la historia de Moisés, quien no solo oró por su pueblo y les suplicó que se sometieran a Dios, sino que también declaró: *"Que perdones ahora su pecado, y si no, ráeme ahora de tu libro que has escrito"* (Éxodo 32:32). Moisés amaba tanto a su pueblo que básicamente le dijo a Dios: "Si no perdonas a este pueblo, entonces será mejor que busques otro líder y borres por completo cualquier registro de mí en tu libro de la vida". Lo que dijo fue: *"ráeme ahora de tu libro"*. La palabra en hebreo para "raer" es *machah*, y significa borrar, eliminar o erradicar. Para los fenicios, quienes eran comerciantes, era un término usado para tachar un artículo de una lista de pedidos, asegurando que no se incluyera en la entrega. La palabra "libro" es *kathab*, que en realidad significa un registro o un memorial. En otras palabras, Moisés estaba diciendo que, si Dios no perdonaba a su pueblo, entonces tampoco lo perdonara a él, que no le diera nada, que olvidara que alguna vez aceptó esa tarea y que no le diera crédito por nada.

Moisés tenía la motivación suprema para su evangelismo. No lo hacía para ganarse el cielo ni para obtener el favor de Dios, ni siquiera para disfrutar al demostrar su poder. Solo le importaban su pueblo y el perdón de Dios hacia ellos. Pablo tenía prácticamente la misma motivación cuando escribió: *"Porque deseara yo mismo ser anatema, separado de Cristo, por amor a mis hermanos, los que son mis parientes según la carne"* (Romanos 9:3). Su deseo por la salvación de sus hermanos y parientes era tan fuerte, que estaba dispuesto a ser separado de Cristo. La palabra "anatema" en arameo es *charama*, que significa estar separado para destrucción. ¿Está diciendo Pablo que estaría dispuesto a ir al infierno por amor a sus hermanos? Eso es lo que significa la separación de Jesús que conduce a la destrucción. Muchos estudiosos de la Biblia no creen que Pablo esté diciendo eso literalmente. Ninguna persona en su sano juicio estaría dispuesta a pasar la eternidad en el infierno por otro. Pero creo que Jesús sí lo haría. Además, para mí, estar separado de Jesús por la eternidad ya es suficiente infierno, y claramente eso es lo que Pablo está diciendo: que estaría dispuesto a estar separado de Jesús por la eternidad si eso significara la salvación de sus hermanos.

En última instancia, lo que está diciendo es lo mismo que dijo Moisés: "No quiero nada de ti, Dios, ni recompensas, ni mansión en el cielo, ni siquiera la vida eterna. Lo que quiero es ver a mis hermanos salvos". Ese tipo de amor solo puede venir de Jesucristo mismo. ¿Iría Jesús al infierno por la eternidad por nosotros? Creo que lo haría, simplemente porque esa es la única razón por la que Moisés y Pablo pudieron decir lo que dijeron con total sinceridad. De otra manera sería imposible, a menos que fueran motivados por Aquel que es capaz de tal amor.

Lo que aprendí de los rabinos es que Dios siempre está en sus labios. Hablan de Dios de manera natural porque sus vidas giran en torno a Dios y su Palabra, al igual que Abraham, quien cuidaba de las personas, abrió un hospedaje y una cafetería y no pedía nada a cambio, excepto que dieran las gracias a Jehová Dios.

27

EL BUEN VINO

"Jesús le dijo: ¿Qué tienes conmigo, mujer?
Aún no ha venido mi hora".
—Juan 2:4

Como se discutió en un capítulo anterior, en la versión de la Reina Valera 1960 de este versículo parece que Jesús estaba siendo muy brusco, grosero e irrespetuoso con su madre. El idioma arameo nos da algo de perspectiva sobre esto. Juan era un pescador galileo, por lo que el arameo habría sido su lengua materna; por lo tanto, la versión siríaca de la Biblia ofrece una mejor comprensión de la palabra *"mujer"* que se utiliza aquí. La palabra traducida como "mujer" es *'anath* en arameo, y la traducción griega, que es *gunai*, parece estar de acuerdo. Jesús se estaba dirigiendo a su madre como una mujer casada. *'Anath* es una mujer casada o una mujer que no es virgen, y el griego simplemente se refiere a una mujer casada.

Uno podría preguntarse: ¿no habría logrado lo mismo simplemente diciendo la palabra aramea para "madre", que es *'amah,* y haber sido más respetuoso? Bueno, realmente no. La palabra aramea *'amah* es relacionada con la palabra hebrea *'alamah,* que significa una mujer soltera. A menudo hace referencia a una joven. Una joven no estaría casada, pero también hay referencias a mujeres adultas y maduras que también estaban solteras. Es poco frecuente que una mujer adulta no esté casada, a menos que sea viuda. En algunos casos, podría referirse a una mujer que fue divorciada o abandonada.

Tal vez en esta historia de Mateo, donde Jesús llama a su madre "mujer," Jesús estaba haciendo un pequeño juego de palabras sugiriendo un pequeño secreto compartido solo entre Él y su madre. En ese momento, Él era el Hijo de Dios en cumplimiento de Isaías 7:14 y tal vez haría un pequeño milagro para preparar el escenario para su misión mesiánica.

Por otro lado, llamar a su madre *'anath* en arameo era realmente una señal de respeto en esa cultura. Es probable que José ya hubiera muerto en este punto, pero no antes de que María tuviera otros hijos y ya no fuera virgen. En cierto sentido, Jesús le estaba haciendo un honor llamándola *'anath,* ya que esto declaraba que ella era una madre soltera, por la muerte de su esposo, que crio a sus hijos bajo la dificultad de la viudez. He escuchado a hombres y mujeres exitosos hablar con orgullo de sus madres cuando dicen: "Mi mamá fue madre soltera y me crio". Creo que la NTV, que hizo un poco de paráfrasis aquí, lo expresó mejor al decir: *"Apreciada mujer"*.

La expresión *"aún no ha venido mi hora"* es realmente un modismo arameo. El concepto de BYOB (trae tu propia botella, por sus siglas en inglés) era una práctica común en las bodas del

Medio Oriente, donde cada varón llevaba su propia bebida y trataba de mostrar que tenía el mejor vino. Tal vez las otras mujeres comenzaron a hacerle comentarios a María de que su hijo no había llevado vino a la boda como era la costumbre. María tal vez guardaba un pequeño secreto de que su hijo ofrecería el mejor vino de todos. La respuesta de Jesús a su madre en arameo fue literalmente: "¿Qué a ti y a mí? No aún, mujer". Podríamos interpretar esa frase, según el contexto, como algo casi conspirativo: "Lo que hablamos, querida mujer, pero aún no; paciencia". Con un poco de conocimiento y quizá la arrogancia de una mamá orgullosa, ella fue a los sirvientes y les indicó que hicieran todo lo que Jesús les dijera. Ella sabía que lo que Jesús se proponía hacer sería un poco extraño, y tenía que preparar a los sirvientes. Jesús iba a usar el agua de los recipientes que los invitados usaban para lavarse las manos y los pies antes de la comida. Cuando Él ordenó a los sirvientes llenar los recipientes, les estaba diciendo que añadieran agua para reemplazar el agua que se había derramado durante el baño. Recuerda que en esos días las personas no se lavaban las manos y los pies por razones higiénicas; lo hacían por razones rituales, como lo requería la ley judía para simbolizar la purificación o limpieza. Jesús iba a demostrar su papel como el Mesías tomando la suciedad y el barro y purificándolos.

Aun así, las personas que se lavan las manos y los pies después de viajar por caminos polvorientos pueden hacer que el agua se enturbie. Probablemente por eso Jesús esperó hasta la última hora para introducir su BYOB. Era culturalmente aceptado y un signo de buena hospitalidad que los invitados se embriagaran en una boda. Jesús probablemente esperó hasta que los invitados estuvieran demasiado borrachos para importarles si estaban bebiendo agua de baño o no. Sospecho que Juan registró esta historia para declarar al mundo y a las futuras generaciones que Jesús vino a este mundo para tomar todos los pecados sucios, apestosos y sucios, y purificarlos en buen vino.

Encontré algo interesante en la Mishná, que es un comentario sobre la ley judía. Siempre me enseñaron como bautista que el vino que Jesús hizo en este banquete de bodas era solo jugo de uva y no tenía alcohol. Cuestiono mucho que el vino que Jesús convirtió a partir del agua haya sido solo jugo de uva. La Mishná define claramente los días que el vino debía ser fermentado para diversas ocasiones. El vino usado en una boda debía ser fermentado durante tres a cuatro días. Esto habría producido un contenido de alcohol bajo a moderado basado en el clima del Medio Oriente. El buen vino en aquellos días entre los judíos era el vino que se usaba para fines ceremoniales. El buen vino servido en esta boda tenía contenido alcohólico, en contra de lo que me enseñaron cuando era un joven bautista.

28

HOSANNA

"Y la gente que iba delante y la que iba detrás aclamaba, diciendo: ¡Hosanna al Hijo de David! ¡Bendito el que viene en el nombre del Señor! ¡Hosanna en las alturas!".
—Mateo 21:9

"Oh Jehová, sálvanos ahora, te ruego; Te ruego, oh Jehová, que nos hagas prosperar ahora".
—Salmos 118:25

El Domingo de Ramos celebramos la entrada triunfal de Jesús en Jerusalén. Muchas personas tomaron ramas de palma para agitarlas y colocarlas en el camino mientras Jesús entraba montado en un asno. Llamamos a este día Domingo de Ramos porque ese fue un distintivo de la ocasión, y en la iglesia todos reciben una rama de palma. La razón por la que la gente usó ramas de palma fue porque esperaban otra liberación. Estas ramas también habían sido utilizadas durante la celebración de la liberación de los judíos por los macabeos en el siglo II a.C. (1 Macabeos 13:51), lo cual se conmemora en la festividad judía de Janucá.

> *"Alégrate mucho, hija de Sion; da voces de júbilo, hija de Jerusalén: he aquí que tu Rey vendrá a ti, justo y salvador, humilde, y cabalgando sobre un asno, sobre un pollino hijo de asna".* (Zacarías 9:9)

De hecho, sería más preciso llamarlo "domingo del asno" y dar a todos un pequeño burro de plástico, ya que el asno es lo que realmente estaba profetizado en la Escritura; sin embargo, dudo que tuviera el mismo impacto que Domingo de Ramos.

Zacarías 9:9 también anunció otra cosa: el Rey llegaría trayendo salvación. La fama de Jesús se había extendido por toda Judea, y la gente comenzaba a hablar. Se difundió el rumor de que Él era el Mesías y se dirigía a Jerusalén. Como sucede con todos los profetas, comenzaron a interpretar esto como el cumplimiento de Zacarías 9:9, donde se anunciaba que el Mesías llegaría montado en un asno para declarar salvación. (Este rumor incluso podría haber sido promovido por el sumo sacerdote). La mayoría de las personas entendían la salvación como liberación del Imperio Romano. No fueron los primeros en malinterpretar las señales proféticas.

A diferencia de lo que solemos escuchar, la multitud no se volvió contra Jesús una semana después. Simplemente fueron silenciados rápidamente, como sucede con los seguidores de un candidato político impopular. En aquella época también existía la cultura de la cancelación. El patio donde la multitud gritó

"¡Crucifícalo!" estaba lleno de agitadores pagados, incitados por el sumo sacerdote y sus aliados. La explanada donde Pilato se encontraba era pequeña, y solo se permitía la entrada a personas aprobadas por el sumo sacerdote. La película *La pasión de Cristo,* de Mel Gibson, lo representó correctamente al mostrar a los guardias alejando a los verdaderos seguidores de Jesús. Fue lo que hoy llamaríamos un juicio amañado. Los judíos odiaban la pena de muerte, y el Talmud está lleno de obstáculos legales que prácticamente hacían imposible ejecutar a alguien según la ley judía. Por eso, el sumo sacerdote y el Sanedrín encontraron más fácil llevar a Jesús ante un tribunal romano en lugar de uno religioso, acusándolo de traición, lo que facilitaría la pena de muerte. La entrada triunfal les proporcionó la evidencia perfecta para acusarlo de sedición. No sería sorprendente que el sumo sacerdote hubiera orquestado todo el evento para construir un caso de traición contra Jesús, utilizando irónicamente la misma adoración del pueblo como prueba en su contra.

La prueba más incriminatoria no solo fueron las ramas de palmas, que simbolizaban liberación, sino también el grito de Hosanna. Quizá hayas aprendido de algún predicador o sacerdote que Hosanna es una proclamación de alabanza. Eso es confundir Hosanna con Aleluya, aunque coloquialmente puede significar Aleluya; sin embargo, para los judíos del primer siglo tenía un significado diferente. Los eruditos de la Biblia creen que la palabra proviene del Salmo 118:25, que el pueblo estaba citando. La primera palabra es *hoshi'ah,* que significa sálvanos ahora. Proviene de la raíz *yasha',* de donde se deriva el nombre *Yeshúa,* Josué o Jesús, y significa salvación. Sin embargo, para la mentalidad judía del primer siglo, salvación no tenía una connotación espiritual sino política. En todo el Antiguo Testamento se habla de ser salvado y de la salvación, y nosotros los cristianos simplemente lo relacionamos con nacer de nuevo, cuando en realidad en la mente del escritor significaba liberación de un enemigo invasor.

En arameo, *yasha'* está en una forma Ethtaphal, que es causativa, lo que implica ser liberado, rescatado o salvado; por lo tanto, significa "haz algo para traer nuestra liberación". La palabra está en forma imperfecta, por lo que podría traducirse como "tú nos librarás" o, como creen la mayoría de los traductores (incluyéndome), el *Hei* final es un *Hei* paragógico, que intensifica la expresión: "¡Sálvanos o libéranos ahora!". La palabra Hosanna es en realidad una combinación de *yesha* y *anna*. *Anna* proviene de la raíz *ani* o *anah*, que significa responder o contestar. Se puede tomar como una súplica que expresa un fuerte deseo de una respuesta como "por favor, responde".

Al unir las palabras, Hosanna se traduciría como "Por favor, responde a nuestra petición de liberación". Por supuesto, "Sálvanos ahora" también es válido.

29

DONDE DIOS HABITA

"Y llamó Abraham el nombre de aquel lugar, Jehová proveerá. Por tanto se dice hoy: En el monte de Jehová será provisto".
—Génesis 22:14

"Y había salido Isaac a meditar al campo, a la hora de la tarde; y alzando sus ojos miró, y he aquí los camellos que venían".
—Génesis 24:63

"Y esta piedra que he puesto por señal, será casa de Dios; y de todo lo que me dieres, el diezmo apartaré para ti".
—Génesis 28:22

Déjame compartir contigo algo interesante que encontré mientras estudiaba el Talmud. Estaba leyendo Pesajim 88a. Jacob llamó al lugar donde se encontró con Dios la *casa de Dios*. No como Abraham, quien lo llamó monte (ver Génesis 22:14); ni como Isaac, con quien se le llamó campo (ver Génesis 24:63); sino como

Jacob, quien lo llamó casa (ver Génesis 28:19). El Talmud explica que fue en la montaña donde Dios fue *visto* (*ra'ah*, es decir, en el Espíritu) por Abraham. Una montaña es un lugar que se visita en ciertos momentos. Isaac se encontró con Dios en un campo, un lugar donde se medita con Él ocasionalmente, pero no es un hogar permanente. Jacob, en cambio, llamó casa de Dios al lugar donde se encontró con Él en una roca en la cima de un monte, conocido hoy como Monte Moriah o Monte Sion. La roca donde apoyó su cabeza y tuvo su sueño con la escalera que se extendía del monte hasta el cielo es la misma roca sobre la cual se construyó el lugar santísimo del templo y donde descansaba el arca del pacto, que contenía la misma presencia de Dios en una burbuja de *tzim tzum*. Jacob apoyó su cabeza sobre esa roca; su cabeza, que contenía su cerebro, su conciencia, su alma y su corazón. Cuando llamó a ese lugar la casa de Dios se refería al alma, a su corazón. Como dijo Pablo: "*¿No sabéis que vuestro cuerpo es templo del Espíritu Santo?*" (1 Corintios 6:19) En arameo, "*¿No sabéis?*" se traduce como *lo yada'ain 'anathon*. La palabra saber, *yada'in*, está en forma Pael como un participio activo. En otras palabras, esto es algo que los judíos siempre han creído desde la época de Jacob: que Dios habita dentro de nuestros cuerpos. Por eso debemos llevar una vida justa, para que Él pueda manifestarse a través de nosotros al mundo. Esto significa literalmente que el hogar de Dios no es solo el templo o un edificio de iglesia, sino que está en nuestros corazones. A menudo hablamos de morir e ir a casa al cielo; sin embargo, si el cielo es donde Dios habita, entonces ya estamos en casa.

Hoy, muchos de nosotros asistimos a una iglesia donde vemos a Dios en el Espíritu a través de la adoración, la alabanza, y la impartición de su Palabra; pero luego regresamos a casa, cenamos, vemos el partido de fútbol, y seguimos con nuestras actividades.

Antes de acostarnos, o al comenzar un nuevo día, dedicamos un breve tiempo al estudio de la Biblia, la oración y la meditación en Dios. Entonces vamos al trabajo y enfrentamos las pruebas del día. ¿Dejamos a Dios atrás cuando salimos del edificio de la iglesia o de nuestro lugar de meditación, oración y estudio bíblico? Por supuesto que no. Dios va con nosotros al trabajo y enfrenta con nosotros las pruebas del día. Debido a las responsabilidades y preocupaciones diarias, no siempre podemos estar pensando en Dios. No podemos estar siempre en la iglesia. No vivimos en la iglesia.

Hace un tiempo atrás pasé por un periodo de oscuridad, lo que San Juan de la Cruz llamó la "noche oscura del alma". Fue en ese tiempo cuando aprendí que Dios no es solo mi *monte* o mi *campo,* sino que también es mi *hogar.* La palabra para "monte" en hebreo es *harar. Harar* también significa pensar. La gente solía ir a las montañas para estar más cerca de Dios y para pensar y meditar en Él. En hebreo, una mujer embarazada es *harah,* que es la forma femenina de *harar.* Se creía que una mujer embarazada estaba más cerca de Dios porque llevaba en su interior la creación de vida.

La palabra para campo es *sadeh,* que también significa alimento y producción. Pasamos tiempo meditando en la Palabra de Dios para ser nutridos espiritualmente y así poder salir a producir frutos para el Señor.

Pero, ¿cuántos de nosotros vemos a Dios como nuestro hogar? La palabra en hebreo para "casa" u "hogar" es *bayith,* que significa lugar de residencia. Es donde habitamos y donde estamos con Dios en todo momento. No podemos adorar a Dios sobre un monte todo el tiempo, ni meditar en Él en el campo todo el tiempo, pero sí podemos habitar en Él todo el tiempo. Él está con nosotros dondequiera que vayamos.

Cuando muramos, todo en nosotros cambiará excepto una cosa: seguiremos estando con Dios.

Pensaba en cómo mis padres amaron a Dios durante toda su vida. Dios era su hogar. Cuando llegaron a una edad avanzada, un día cayeron en un estado de inconsciencia y, después de unos días sus cuerpos comenzaron a apagarse hasta que partieron. Todos dijeron que habían ido a casa, pero en realidad, ellos no *fueron* a casa. Siempre estuvieron en casa, solo cambiaron de residencia para seguir estando con Jesús.

Mi padre solía contarme la historia de un joven que estaba en su unidad en el ejército durante la Segunda Guerra Mundial. Su nombre era Benny. Benny creció en una granja en el campo. Toda su vida giraba en torno a esa pequeña granja con su madre, su padre, su hermana y su hermano menor. Hasta que, un día, se encontró en aquel entorno desconocido y ajeno llamado el Ejército de los Estados Unidos.

Benny era un buen soldado. Al haber crecido en el campo, estaba en excelente condición física; era un tirador nato, pues había pasado su vida cazando animales salvajes para ayudar a alimentar a su familia. Benny era un buen soldado salvo por una cosa: extrañaba su hogar. Caminaba por la base con mi padre y le decía: "Floyd, extraño a mi familia, a mi madre, a mi padre, a mi hermana, a mi hermanito. Tengo que regresar a casa". Mi padre trataba de animarlo y le decía: "Benny, aguanta un poco más; en unas semanas terminarás el entrenamiento básico y recibirás un permiso para visitar a tu familia". Pero Benny no podía esperar, y efectivamente, una mañana, cuando hicieron el pase de lista y llamaron su nombre, no hubo respuesta. Benny se había ido a casa.

El ejército no tardó en encontrar a Benny y llevarlo de regreso. Por alguna razón, no recibió un castigo severo. Tal vez fue porque era un soldado ejemplar con un historial casi perfecto, o quizá porque su oficial al mando también tenía una familia y añoraba su hogar. De cualquier manera, le permitieron reintegrarse a su unidad y terminar su entrenamiento básico. Una noche, después de la orden de apagar las luces, mi padre se acercó a Benny y le preguntó: "Benny, ¿lo lograste? ¿Llegaste a casa?". Cuando mi padre hizo esa pregunta, el rostro de Benny se iluminó mientras respondía: "Sabes, Floyd, cuando crucé aquella última colina, miré hacia abajo y vi nuestra pequeña casa, con humo saliendo de la chimenea. Sabía que mi madre y mi hermana estaban preparando la cena, y vi a mi padre y a mi hermano menor en el campo reparando una cerca. Mi hermano pequeño fue el primero en verme en la colina. Cuando lo hizo, soltó todo lo que tenía en las manos y comenzó a saltar y gritar: '¡Papá, es Benny! Benny ha vuelto a casa, Benny ha vuelto a casa'. Mi padre y mi hermano dejaron el campo al mismo tiempo que yo dejé la colina, y llegué a mi casa, mi hogar, donde todos me recibieron con alegría".

Entonces, mi padre siempre concluía la historia diciendo que le había dicho a Benny que era una lástima que tuviera que regresar al ejército, pero Benny respondió: "Sigo estando en casa porque mi familia está conmigo en mi corazón, y un día, cuando esta vieja guerra termine, regresaré a mi hogar, mi hogar para siempre".

Como he aprendido de mis maestros judíos, en mi corazón ya estoy en casa; mi Dios está en mi corazón. Puede que aún esté en el campo o en aquella colina o montaña, pero en mi corazón estoy en casa, y un día, cuando cruce esa última colina, estaré en casa para siempre.

30

EL CORAZÓN DE DIOS

"Jehová está conmigo; no temeré lo que me pueda hacer el hombre".
—Salmos 118:6

"Yo sé que el Señor siempre está del lado de lo correcto. Pero mi constante preocupación y oración es que yo y esta nación estemos del lado del Señor".
—Abraham Lincoln[8]

Abraham Lincoln, si realmente dijo las palabras anteriores (creo que hay suficiente evidencia histórica para afirmar que lo hizo), señaló un problema real con la traducción de la KJV de Salmos 118:6. ¿Podemos atrevernos a decir que el Todopoderoso está de nuestro lado, con nosotros?

8. Citas de Abraham Lincoln. "Dios y la oración", https://www.abrahamlincoln.org/features/speeches-writings/abraham-lincoln-quotes/index.html#gap.

He estado en un viaje de más de veinte años buscando el corazón de Dios. Este libro refleja gran parte de ese viaje, pues fue a través de las enseñanzas rabínicas como adquirí mucho del conocimiento que tengo sobre el corazón de Dios.

La traducción literal de Salmos 118:6 es: "El Señor está para mí". La palabra traducida como "*para mí*" se escribe con las letras *Lamed Yod* y es una combinación de la preposición *Lamed* (hacia o para) y el pronombre *Yod* (mí). Algunas traducciones lo presentan como: "*El Señor está conmigo*". Sin embargo, la preposición *Lamed* normalmente se traduce como hacia o para, aunque en ciertos casos puede traducirse como con; sin embargo, ese no es su uso más común. Creo que la preposición "para" es la más precisa. Decir que el Señor está "*conmigo*" o "*de mi lado*" no es necesariamente lo mismo que decir que el Señor está "*para mí*".

David no solo está diciendo que el Señor está de su lado o con él; está diciendo que el Señor está *para* él. En otras palabras, cuando las influencias opuestas entran en juego, el Señor es el único que está verdaderamente *para* él. Todas las demás influencias tienen una agenda personal. Dios no tiene otra agenda más que amarnos.

Creo que el resto de este versículo confirma esta idea. La parte final de este versículo dice: "*No temeré lo que me pueda hacer el hombre*". La palabra "*hacer*" es *ashah*, que significa realizar una obra. En nuestra cultura, si alguien realiza una obra para nosotros generalmente espera algo a cambio, algún tipo de pago. La palabra "*temer*" o *yara'* en hebreo es una palabra compleja. No necesariamente implica temor por la seguridad personal, sino que con mayor frecuencia se usa en el sentido de preocupación por el bienestar de otro.

Creo que ahí radica el mensaje de Salmos 118:6. Cuando David dice que no teme ninguna *obra* que el hombre pueda hacerle, está diciendo que cuando el hombre le hace alguna *obra*, queda en deuda con esas personas, pero si el Señor hace algo para nosotros, no tenemos ninguna obligación con Él a cambio. Después de todo, Él es el creador de todas las cosas, el Todopoderoso, el Omnipotente. ¿Qué tenemos que Él no pueda obtener por sí mismo, a menos que se lo ofrezcamos? Lo único que podemos darle que Él no puede obtener por sí mismo es nuestro amor. Si nuestra relación con Dios no es una relación de amor, entonces constantemente lo servimos ya sea por un sentido de pago por una deuda o para obtener algo, como la vida eterna. Sin embargo, si realmente lo amamos, aceptaremos libremente cualquier obra que Él haga para nosotros sin sentirnos en deuda, sabiendo que lo hace por amor. Nuestra respuesta a Él será por amor y no por obligación. Creo que ese es el verdadero significado de Mateo 10:8: *"De gracia recibisteis, dad de gracia"*. Hemos recibido de Dios sin ninguna obligación hacia Él; por lo tanto, debemos dar libremente sin esperar que otros se sientan en deuda con nosotros.

Así, cuando damos a Dios en respuesta, lo hacemos con un corazón puro, y eso le agradará más que cualquier diezmo, ofrenda o sacrificio. Si diezmamos con una mano mientras extendemos la otra esperando recibir algo a cambio, ¿es eso una verdadera expresión de amor? ¿Realmente buscamos conocer el corazón de Dios, o estamos enfocados en nuestras propias necesidades y deseos?

Una de mis historias rabínicas favoritas resume la contribución más importante que las enseñanzas de los rabinos han hecho a mi fe cristiana personal. Es la historia de un rey que tenía dos hijas. Una de ellas era egoísta y centrada en sí misma. La otra era una joven amorosa y compasiva. Un día, la hija egoísta entró en la sala del trono y exigió que su padre, el rey, contratara a la mejor costurera del reino para hacerle un vestido para un próximo evento. Sin dudarlo, el rey, el padre, chasqueó los dedos y ordenó a un sirviente que lo hiciera. Esa misma noche, durante la cena, la otra hija, la amorosa y compasiva, se acercó a su padre y le dijo: "He oído que contrataste a la mejor costurera del reino para hacer un vestido para mi hermana para el próximo evento. Yo también planeo asistir a ese evento. ¿Podría ella hacerme un vestido a mí también?".

El rey, el padre, le hizo un gesto para que se sentara. Ordenó un plato de comida para ella y comenzaron a conversar, como lo harían un padre y una hija. El rey, este padre, disfrutaba escuchando sobre la vida y las dificultades de su hija y aún más al ofrecerle consejos paternales. Poco después la cena terminó, y el rey tuvo que regresar a sus obligaciones. Mientras se levantaba para irse, esta hija amorosa le pidió nuevamente el vestido. Su padre le respondió que lo pensaría. La noche siguiente, la hija amorosa regresó a él con la misma petición. De nuevo compartió la cena con su padre, y de nuevo hablaron como solo un padre y una hija hablarían. Al finalizar la cena, volvió a pedirle el vestido, y una vez más, el padre le dijo que aún lo estaba pensando. Esto continuó así por varios días. Cada vez, la hija compartía la cena con su padre, le pedía el vestido, y él le decía que aún lo estaba considerando. Tras unos cuantos días, un sirviente se acercó al rey con una pregunta: "Señor, en la corte tenemos una pregunta que nos gustaría que respondiera. Su hija egoísta pidió un vestido nuevo y usted se lo dio sin dudar; sin embargo, su hija amorosa le ha hecho la misma petición y sigue posponiéndola.

¿Por qué?". El rey se quedó en silencio por un momento, luego miró al vacío y respondió: "Temo que, si le doy lo que quiere, dejará de cenar conmigo".

Podemos ser como esa hija amorosa. Podemos acudir a nuestro Padre celestial con una petición día tras día, cenando con Él y mencionando nuestra petición. Y, sin embargo, parece que nunca responde. Quizá necesitamos hacer una pausa, mirar más allá de nuestra petición, y ver lo que hay en el corazón de nuestro Padre celestial.

En mi opinión, la principal diferencia que he visto entre el judaísmo y el cristianismo occidental es que, en el mundo occidental, abrazamos nuestra fe cristiana por lo que podemos obtener de ella. Buscamos prosperidad, sanidad y soluciones a nuestros problemas, sin mencionar un hogar celestial. En el judaísmo, la meta es amar al Señor nuestro Dios con todo nuestro corazón, toda nuestra alma y todas nuestras fuerzas.

No me he convertido al judaísmo. Soy cristiano y gentil, pero también reconozco que mi fe cristiana nació a través de la enseñanza judía, y en algún punto de nuestra fe cristiana hemos perdido la perspectiva de que Dios no es un genio celestial que concede deseos. Es un Padre amoroso que solo quiere ser parte de nuestras vidas.

ACERCA DEL AUTOR

Chaim Bentorah enseña hebreo bíblico, arameo y griego a maestros laicos y pastores en el área metropolitana de Chicago a través de Chaim Bentorah Ministries. También habla a iglesias y grupos paraeclesiásticos sobre la naturaleza y los métodos de estudio del Antiguo Testamento en el hebreo original. Sus libros combinan un énfasis devocional con estudios de la Escritura sobre los significados más profundos de las palabras hebreas.

Tiene una licenciatura en Estudios Judíos del Instituto Bíblico Moody, una maestría en Antiguo Testamento y Hebreo del Denver Seminary, y un doctorado en Arqueología Bíblica.

Chaim y su compañera de estudio, Laura Bertone, escriben estudios diarios de palabras en su blog en www.chaimbentorah.com. También son copastores de una iglesia mesiánica en línea a través de su suscripción *All Access* en HebrewWordStudy.com, donde imparten clases de hebreo básico, una clase semanal de traducción bíblica, y un estudio de la Torá siguiendo la Parashá (porción semanal de la Torá).

Es autor de *Hebrew Word Study: Revealing the Heart of God*, *Hebrew Word Study: Exploring the Mind of God*, y *Journey into Silence: Transformation Through Contemplation, Wonder, and Worship*.